Spieker / Hillgruber / Gärditz

Die Würde des Embryos

Veröffentlichungen der Joseph-Höffner-Gesellschaft

Herausgegeben von
Lothar Roos, Manfred Spieker, Werner Münch

Band 1

Manfred Spieker / Christian Hillgruber /
Klaus Ferdinand Gärditz

DIE WÜRDE DES EMBRYOS

Ethische und rechtliche Probleme der Präimplantationsdiagnostik und der embryonalen Stammzellforschung

2012

Ferdinand Schöningh
Paderborn · München · Wien · Zürich

Bibliografische Information der Deutschen Nationalbibliothek

Die Deutsche Nationalbibliothek verzeichnet diese Publikation
in der Deutschen Nationalbibliografie;
detaillierte bibliografische Daten sind im Internet
über http://dnb.d-nb.de abrufbar.

Internet: www.schoeningh.de

Einbandgestaltung: Evelyn Ziegler, München
Printed in Germany
Satz: Martin Mellen, Bielefeld
Herstellung: Ferdinand Schöningh GmbH & Co. KG, Paderborn

ISBN 978-3-506-77649-5

Inhalt

Vorwort

Immer und überall nimmt die Kirche das Recht in Anspruch, in wahrer Freiheit den Glauben zu verkünden, ihre Soziallehre kundzumachen und auch politische Angelegenheiten einer sittlichen Beurteilung zu unterstellen, wenn die Grundrechte der menschlichen Person oder das Heil der menschlichen Seelen er verlangen, erklärte das II. Vatikanische Konzil 1965 in Ziffer 76 seiner Pastoralkonstitution Gaudium et Spes. Wie wohl kein anderer Bischof hat Joseph Kardinal Höffner diesem Auftrag des Konzils gedient. Als Professor für Christliche Sozialwissenschaften in Münster (1951–1962), als Bischof von Münster (1962–1968), als Erzbischof von Köln (1969–1987) und Vorsitzender der Deutschen Bischofskonferenz (1976–1987) wurde er über viele Jahre zur wichtigsten Stimme der Katholischen Kirche in allen ethischen Fragen des gesellschaftlichen Lebens in Deutschland. In den 1970 beginnenden Auseinandersetzungen um den Schutz des menschlichen Lebens hat er den Stimmlosen eine Stimme gegeben, die Ungeborenen verteidigt und den Staat an seine Schutzpflichten erinnert. Der Mensch ist Mensch von Anfang an, hielt er 1986 fest, deshalb bedürfe gerade das wehrlose ungeborene Leben des staatlichen Schutzes. Wer meine, durch Gesetz festlegen zu können, wann der Schutz des menschlichen Lebens zu beginnen hat, könne ebenso kühn durch Gesetz bestimmen, wann dieser Schutz enden soll.

Die 2002 gegründete Joseph-Höffner-Gesellschaft hat sich die Aufgabe gestellt, die Soziallehre der Kirche im Sinne seines wissenschaftlichen und pastoralen Lebenswerkes zu pflegen, zu vertiefen und im Kontext aktueller Fragestellungen zu verbreiten. Sie betrachtet es auch als ihren Auftrag, die Ergebnisse ihrer Arbeit in Veröffentlichungen einem größeren Kreis zugänglich zu machen. Sie beginnt mit der vorliegenden Schrift »*Die Würde des Embryos. Ethische und rechtliche Probleme der Präimplantationsdiagnostik und der embryonalen Stammzellforschung*« mit Beiträgen von Manfred Spieker, Christian Hillgruber und Klaus Ferdinand Gärditz. Sie ist überzeugt, dass gerade dieses Thema dem Anliegen und dem Erbe Joseph Höffners besonders gerecht wird.

Bonn, im März 2012
Prof. Dr. Dr. h.c. Lothar Roos
Vorsitzender der Joseph-Höffner-Gesellschaft

Manfred Spieker

Legalisierte Eugenik – vom gezeugten Geschöpf zum bestellten Produkt

A. Im Vorfeld der Legalisierung

Ende der 80er Jahre des vergangenen Jahrhunderts wurde in der Reproduktionsmedizin ein Verfahren entwickelt, mit dem im Labor erzeugte Embryonen vor der Übertragung in eine Gebärmutter auf bestimmte genetische Merkmale oder Chromosomenstörungen untersucht werden können. Zweck dieses Verfahrens, der sogenannten Präimplantationsdiagnostik (PID) oder Preimplantation Genetic Diagnosis (PGD) ist es, Embryonen mit bestimmten Krankheitsdispositionen oder Behinderungen zu erkennen und von einer Übertragung in die Gebärmutter auszuschließen. Eltern, die auf Grund ihrer genetischen Anlagen mit dem Risiko belastet sind, eine Erbkrankheit auf ihr Kind zu übertragen, hoffen, mit diesem Verfahren gesunden Kindern das Leben schenken zu können. Sie unterziehen sich, obwohl sie zeugungsfähig sind, der belastenden und risikoreichen Prozedur einer künstlichen Befruchtung[1] und verwerfen im Falle eines positiven Befundes bei der PID alle Embryonen, die Träger der getesteten Merkmale sind. Der verständliche Wunsch nach einem gesunden Kind lässt sich mithin nur realisieren, wenn die Unterschei-

1 Manfred Spieker, Menschenwürde und In-Vitro-Fertilisation. Zur Zertifizierung der Zeugung, in: Ders., Der verleugnete Rechtsstaat. Anmerkungen zur Kultur des Todes in Europa, 2. Aufl. Paderborn 2011, S. 83ff.

dung zwischen lebenswertem und lebensunwertem Leben stillschweigend akzeptiert und das lebensunwerte Leben im frühesten Stadium seiner Existenz getötet wird.

Bis zum Urteil des Bundesgerichtshofes vom 6. Juli 2010 war es herrschende Ansicht in Politik, Medizin und Jurisprudenz, dass das Embryonenschutzgesetz vom 13. Dezember 1990 die PID verbietet. Das Gesetz untersagt in § 1 Abs. 1 Nr. 2, »eine Eizelle zu einem anderen Zweck künstlich zu befruchten, als eine Schwangerschaft der Frau herbeizuführen, von der die Eizelle stammt«. Es sanktioniert darüber hinaus in § 2 Abs. 1 mit Freiheits- oder Geldstrafe, wer einen extrakorporal erzeugten menschlichen Embryo »zu einem nicht seiner Erhaltung dienenden Zweck…verwendet«. So war es um die Stellungnahme der Bundesärztekammer zur PID vom 3. März 2000, in der die Legalisierung der PID nach »äußerst strenger« Indikation befürwortet wurde, schnell wieder still geworden.[2] Die Behauptung von Herrmann Hepp, dem Vorsitzenden des Arbeitskreises, der die Stellungnahme ausgearbeitet hatte, die PID verstoße »bei Entnahme und Diagnostik an einer nicht mehr totipotenten Zelle« nicht gegen § 1 Abs. 1 Nr. 2 ESchG,[3] fand keine Zustimmung. Die »nicht mehr totipotente Zelle« verstellte seinen Blick auf den Embryo, von dem diese Zelle stammt und um dessen tödliche Selektion bei positivem Ergebnis der Diagnose es geht. Auch die Enquete-Kommission »Recht und Ethik der modernen Medizin« des 14. Deutschen Bundestages war mit einer Mehrheit von 16 zu 3 Stimmen der Überzeugung, »dass die PID nach geltendem Recht verboten ist«.[4]

2 Diskussionsentwurf zu einer Richtlinie der Bundesärztekammer Präimplantationsdiagnostik: Auftakt des öffentlichen Diskurses, in: Deutsches Ärzteblatt 97, Heft 9 vom 3.3.2000, S. A-505 ff.

3 Hermann Hepp, Präimplantationsdiagnostik – medizinische, ethische und rechtliche Aspekte, in: Deutsches Ärzteblatt 97, Heft 18 vom 5.5.2000, S. A-1216.

4 Enquete-Kommission Recht und Ethik der modernen Medizin, Schlussbericht, Berlin 2002, S 247.

Um einen Vorschlag der Deutschen Gesellschaft für Gynäkologie und Geburtshilfe (DGGG) zur Änderung des Embryonenschutzgesetzes war es ebenfalls schnell wieder still geworden. Die Gesellschaft verlangte am 28. Juni 2005 unter ihrem Präsidenten Klaus Diedrich, dessen Handschrift der Vorschlag verrät, eine Änderung des § 1 Abs. 1 Nr. 3 und Nr. 5 ESchG. Um der Vermeidung von Mehrlingsgeburten und der Verbesserung der Erfolgschancen einer künstlichen Befruchtung willen sollten so viele Eizellen befruchtet werden können wie zum Zweck einer erfolgreichen IVF- oder ICSI-Behandlung erforderlich seien. Durch diese Änderung der Nr. 5 hätte dann auch in § 1 Abs. 1 Nr. 3 vorgeschrieben werden können, dass nur noch höchstens zwei Embryonen in die Gebärmutter übertragen werden dürfen. Für dieses Ziel streitet Diedrich schon viele Jahre. Den Preis für dieses Ziel, die tödliche Selektion zahlreicher Embryonen, versuchte der Gesetzesvorschlag der DGGG dadurch zu relativieren, dass er behauptete, »befruchtete Eizellen, denen die Entwicklungsfähigkeit fehlt, fallen…nicht in den Schutzbereich des ESchG«.[5] Er ignorierte die verfassungsrechtliche Vorgabe, dass jedem Embryo Würdeanspruch und Lebensrecht unabhängig von seiner Lebensfähigkeit und Lebenstüchtigkeit zustehen, die voraussichtliche Dauer des individuellen Lebens also für sein Lebensrecht irrelevant ist. Der Vorschlag der DGGG hätte sich erübrigt, wenn sie nicht davon ausgegangen wäre, dass das Embryonenschutzgesetz die PID verbietet. Festgehalten zu werden verdient schließlich auch die Bemerkung der DGGG, dass die PID bei der Verabschiedung des ESchG bereits bekannt war,[6] wurde doch in den Forderungen nach ihrer Legalisierung 2011 immer wieder behauptet, sie sei damals noch nicht bekannt gewesen. Von einem Verbot der PID war schließlich auch die Erörterung und Verabschiedung des Gendiagnos-

5 Deutsche Gesellschaft für Gynäkologie und Geburtshilfe, Gesetzesvorschlag zur Änderung des Gesetzes zum Schutz von Embryonen (ESchGÄndG) vom 28.6.2005, S. 9.

6 A.a.O., S. 4.

tikgesetzes vom 31. Juli 2009 ausgegangen. Die PID war von den gesetzlichen Regelungen der Gendiagnostik ausgespart worden, weil die Ansicht vorherrschte, das ESchG habe deren Verbot bereits hinreichend geregelt.

I. Das Urteil des Bundesgerichtshofes

Der 5. Strafsenat des BGH entschied dagegen am 6. Juli 2010, dass die PID nicht gegen das Embryonenschutzgesetz verstoße. Das Urteil lautete: »Die nach extrakorporaler Befruchtung beabsichtigte Präimplantationsdiagnostik mittels Blastozystenbiopsie und anschließender Untersuchung der entnommenen pluripotenten Trophoblastzellen auf schwere genetische Schäden hin begründet keine Strafbarkeit nach § 1 Abs. 1 Nr. 2 ESchG. Deren Durchführung ist keine nach § 2 Abs. 1 ESchG strafbare Verwendung menschlicher Embryonen«.[7] Der angeklagte Berliner Frauenarzt Matthias Bloechle, der an drei Paaren mit unterschiedlichen Voraussetzungen eine PID vorgenommen und sich selbst angezeigt hatte, wurde freigesprochen. Sein Handeln sei von dem Willen getragen gewesen, bei seinen Patientinnen »eine Schwangerschaft herbeizuführen«. Aus der PID machte das Gericht ein »unselbstständiges Zwischenziel«.[8] Dass das Endziel der PID bei positivem Befund aber nicht die Schwangerschaft, sondern die Selektion und Tötung des Embryos ist, das zu reflektieren weigerte sich das Gericht. Es hielt an der Fiktion »Endziel Schwangerschaft« fest. Offenkundig war dem Gericht bei dieser Fiktion aber nicht ganz wohl, denn es bediente sich noch eines zweiten Argumentationsstranges, den es sogar als »ausschlaggebend« bezeichnete. Es behauptete, auch das Embryonenschutzgesetz erlaube eine Selektion. Zur Begründung dieser Behauptung verwies das Gericht auf § 3 Satz 2 ESchG. Darin erlaubt der Gesetzgeber dem Arzt bei einer künstlichen

7 BGH 5 StR 386/09 vom 6.7.2010, in: Zeitschrift für Lebensrecht, 19. Jg. (2010), S. 87 ff.

8 A.a.O., S. 88.

Befruchtung die »Auswahl der Samenzelle«, wenn diese Auswahl dazu dient, das Kind vor schwerwiegenden geschlechtsgebundenen Erbkrankheiten zu bewahren. Unabhängig davon, ob die künstliche Befruchtung akzeptiert oder, wie von der katholischen Kirche, mit guten Gründen abgelehnt wird, die Auswahl und Verwerfung einer getesteten Samenzelle in der Reproduktionsmedizin ist etwas anderes als die Auswahl und Tötung eines Embryos. Eine Samenzelle ist kein Mensch im frühesten Stadium seiner Existenz. Ein Embryo ist dagegen ein Mensch im frühesten Stadium seiner Existenz. Dass das Gericht diesen Unterschied nicht beachtete, dass es bei der Spermienselektion und bei der tödlichen Embryonenselektion von einer »gleichgelagerten Konfliktsituation« spricht,[9] legt die Vermutung nahe, dass das Urteil feststand, bevor die Fakten geprüft wurden.

II. Das Gutachten der Leopoldina

Dies gilt auch für das Gutachten zur PID, das die Nationale Akademie der Wissenschaften Leopoldina zusammen mit der Deutschen Akademie für Technikwissenschaften und der Berlin-Brandenburgischen Akademie der Wissenschaften am 18. Januar 2011 vorgelegt hat.[10] Das Gutachten plädierte für eine begrenzte Zulassung der PID. Die Autoren – Reproduktionsmediziner, Genetiker und Juristen, die seit Jahren als Befürworter der Reproduktionsmedizin, der embryonalen Stammzellforschung und der PID bekannt sind,[11] und die von

9 A.a.O., S. 90.

10 Leopoldina Nationale Akademie der Wissenschaften in Zusammenarbeit mit acatech – Deutsche Akademie der Technikwissenschaften und der Berlin-Brandenburgischen Akademie der Wissenschaften, Ad-hoc-Stellungnahme Präimplantationsdiagnostik (PID) – Auswirkungen einer begrenzten Zulassung in Deutschland, Berlin 2011.

11 Unter den 13 Mitgliedern der Kommission waren u. a. Henning Beier, Klaus Diedrich, der 2005 den Vorschlag der DGGG zur Änderung des ESchG zu verantworten hatte, Hermann Hepp,

der Leopoldina offenkundig interessenbedingt und gegen die internen Verfahrensregeln für die Auswahl solcher Gutachterkommissionen bestellt wurden[12] – betrachteten es nicht »als ihre Aufgabe…, die Entscheidung des BGH zu hinterfragen«.[13] Mit verschiedenen Anläufen versuchten sie vielmehr, das BGH-Urteil zu bekräftigen. Da die PID sich nicht mehr totipotenter, sondern pluripotenter Zellen bediene, verstoße sie nicht gegen § 2 Abs. 2 ESchG. Pluripotente Zellen unterlägen »keinem gesetzlichen oder ethischen Verwendungsverbot«.[14] Die PID wird auf eine »Untersuchungsmethode« reduziert. Der tödliche Selektionsaspekt wird, wie schon von Hepp in der Verteidigung der Stellungnahme der Bundesärztekammer im Jahr 2000, ausgeblendet. Dann wird die Diagnostik auf ein »Zwischenziel« im Gesamtvorgang »Herbeiführung einer Schwangerschaft« reduziert, das im Übrigen »dem Informationsrecht der Eltern« diene.[15] Da sich der Selektionsaspekt aber nicht vollkommen ignorieren lässt, wird auch in dieser Stellungnahme § 3 Satz 2 ESchG bemüht, der bei der In-Vitro-Fertilisation die Auswahl einer Samenzelle ermöglicht. Die Gutachter – überwiegend Naturwissenschaftler – halten immerhin fest: »Samenzellen stellen noch kein individuell festgelegtes Leben dar«.[16] Aber diese Feststellung bleibt für das Ergebnis ihres Gutachtens folgenlos. Ebenso wie der Gesetzgeber in § 218 StGB wertende Entscheidungen und in

der schon die Stellungnahme der Bundesärztekammer 2000 zu verantworten hatte, Claus R. Bartram, Peter Propping, Christiane Nüsslein-Volhard, Anna M. Wobus, Jochen Taupitz und Rüdiger Wolfrum. Einzig die Teilnahme von Ottfried Höffe überraschte. Er versuchte seine Teilnahme mit einem Artikel »Entscheiden muss der Gesetzgeber« in der Süddeutschen Zeitung vom 25.1.2011 zu rechtfertigen.

12 Christian Starck, Rechtsschutz wird weggeredet, in: FAZ vom 19.1.2011; Peter Graf Kielmansegg, Fingierter Konsens in Sachen PID, in: FAZ vom 9.2.2011.

13 Leopoldina, a.a.O., S. 30.

14 Leopoldina, a.a.O., S. 13.

15 Leopoldina, a.a.O., S. 13.

16 Leopoldina, a.a.O., S. 11.

§ 3 ESchG ausnahmsweise eine Geschlechtswahl zugelassen habe, müsse er auch für die Regelung der PID eine Wahl durch eine »persönliche Gewissensentscheidung« erlauben.[17] An zahlreichen Stellen des Gutachtens griffen die Gutachter auf das Gewissen zurück. Im Konflikt zwischen den sozialen und gesundheitlichen Lebensinteressen der Frau und dem Lebensrecht des Embryos komme »der Gewissensentscheidung der Frau eine überragende Bedeutung zu«. Eine solche Gewissensentscheidung zu achten, sei »eine Errungenschaft des freiheitlich demokratischen Verfassungsstaates«.[18] Starke Worte, die allerdings die Entscheidung des Bundesverfassungsgerichts zum Abtreibungsstrafrecht vom 28. Mai 1993 ignorierten. Darin war genau dieser Rückgriff auf das Gewissen ausgeschlossen worden: Eine Frau, die sich für eine Abtreibung entschieden habe, so erklärte das Gericht, könne »für die damit einhergehende Tötung des Ungeborenen nicht etwa eine grundrechtlich in Art. 4 Abs. 1 GG geschützte Rechtsposition in Anspruch nehmen«.[19] Die Gewissensfreiheit hat ihre Grenze mithin am Lebensrecht.[20]

Das Gutachten unterstellte schließlich einen »Wertungswiderspruch« zwischen dem strikten Embryonenschutz im ESchG und den Regelungen des Abtreibungsstrafrechts, die eine Abtreibung nach einer Pränataldiagnostik »sogar bis zum Einsetzen der Eröffnungswehen« erlauben.[21] Der Embryo in vitro sei viel besser geschützt als der Embryo in utero. Die PID solle deshalb als eine vorgezogene PND, die die Frau viel weniger belaste als eine Abtreibung, ermöglicht werden. Von

17 Leopoldina, a.a.O., S. 25. Als Beispiel nennen die Gutachter in einer Klammer den »Schwangerschaftsabbruch und die Zulassung der Nidationshemmer«.

18 Leopoldina, a.a.O., S. 26.

19 BVerfGE 88, 203 (308). Ausführlich zu diesem Urteil Manfred Spieker, Kirche und Abtreibung in Deutschland. Ursachen und Verlauf eines Konfliktes, 2. erw. Aufl., Paderborn 2008, S. 74 ff.

20 Manfred Spieker, Grenzen der Gewissensfreiheit, in: Ders., Der verleugnete Rechtsstaat, a.a.O., S. 99 ff.

21 Leopoldina, a.a.O., S. 19.

einem »Wertungswiderspruch« zwischen dem Verbot der PID und der Erlaubnis einer Abtreibung nach § 218a Abs. 2 StGB lässt sich aber nur sprechen, wenn unterstellt wird, das Strafgesetzbuch erlaube eine Abtreibung auf Grund einer Behinderung des Kindes. Das aber wollte die Reform des § 218 StGB 1995 gerade ausschließen, indem sie auf eine eugenische oder emryopathische Indikation verzichtete. Sie hätte ganz offenkundig dem 1994 in Art. 3 Abs. 2 Satz 2 GG eingefügten Diskriminierungsverbot Behinderter widersprochen. Nach § 218a Abs. 2 StGB sollte nur jene Abtreibung »nicht rechtswidrig« sein, die eine Gefahr für das Leben oder den körperlichen oder seelischen Gesundheitszustand der Schwangeren abwenden will und die auf eine andere für die Schwangere zumutbare Weise nicht abgewendet werden kann. Wenn allerdings realistischer Weise unterstellt wird, dass sich mit der weiten medizinischen Indikation des § 218a Abs. 2 jedwede Abtreibung aus embryopathischen Gründen tarnen lässt,[22] dann ließe sich ein solcher »Widerspruch« logischerweise auch dadurch auflösen, dass die weite medizinische Indikation durch eine enge ersetzt wird, die eine Abtreibung nur dann straflos stellt, wenn das Leben der Frau bedroht ist. Die Auflösung eines solchen Wertungswiderspruchs, wenn er denn vorläge, hätte sich am Grundgesetz, also am Verfassungsrecht und nicht am untergeordneten und überaus problematischen Abtreibungsstrafrecht zu orientieren. Gegen die Unterstellung eines »Wertungswiderspruchs« spricht schließlich auch noch die Vorschrift in § 218a Abs. 2, dass die Gefahr für die Schwangere »nicht auf eine andere für sie zumutbare Weise abgewendet werden kann«. Für eine Frau oder ein Paar, das sich auf Grund einer erblichen Belastung in einem Konflikt sieht und deshalb eine PID in Erwägung zieht, ist die Gefahr durch einen Verzicht auf die assistierte Reproduktion vermeidbar. Der existentielle Konflikt einer Schwangeren ist von anderer Qualität als der

22 Dies machten die Ausführungen des Abgeordneten Lanfermann (FDP) bei der Verabschiedung des Gesetzes 1995 deutlich, in: Deutscher Bundestag, Stenographischer Bericht 13/47, S. 3759.

Konflikt eines solchen Paares. Kinderlosigkeit ist keine Notlage. Die Frau oder das Paar haben kein Recht auf ein Kind um den Preis einer tödlichen Selektion. Das Recht auf reproduktive Freiheit hat wie das Recht auf Gewissensfreiheit seine Grenze an den Grundrechten dritter. »Noch so verständliche Wünsche und Sehnsüchte sind keine Rechte. Es gibt kein Recht auf Kinder. Aber es gibt sehr wohl ein Recht der Kinder auf liebende Eltern – und vor allem das Recht darauf, um ihrer selbst willen auf die Welt zu kommen und geliebt zu werden«.[23] Was schließlich die Unterstellung eines »Wertungswiderspruchs« zwischen dem Verbot der PID und der Tolerierung von Nidationshemmern betrifft, so ist festzuhalten, dass sich das Strafgesetzbuch mit Straftaten beschäftigt, die als solche erkennbar sein müssen. Die Wirkungen nidationshemmender Mittel aber sind als solche nicht erkennbar. Sie können logischerweise kein Gegenstand des Strafgesetzbuches sein. § 218 Abs. 1 Satz 2 (»Handlungen, deren Wirkung vor Abschluss der Einnistung des befruchteten Eies in die Gebärmutter eintritt, gelten nicht als Schwangerschaftsabbruch im Sinne dieses Gesetzes«) lässt sich deshalb nicht als Beleg für die Behauptung gebrauchen, die deutsche Rechtsordnung vertrete unterschiedliche Definitionen des Lebensbeginns. Unbenommen bliebe es dem Gesetzgeber aber auch hier, Besorgnissen wegen der Abtreibungswirkung nidationshemmender Mittel vorsorglich durch ein Verbot ihres Vertriebs zu begegnen. Ein aufgeklärter Lebensschutz würde ein solches Verbot rechtfertigen.

III. Die Daten der European Society of Human Reproduction and Embryology

Zu den vom Gericht, von der Stellungnahme der Leopoldina und auch von allen im Bundestag diskutierten Gesetzentwür-

23 Johannes Rau, Wird alles gut? Für einen Fortschritt nach menschlichem Maß, Berliner Rede vom 18.5.2001, hrsg. vom Bundespräsidialamt, Manuskript, S. 8, auch in FAZ vom 19.5.2001.

fen nicht hinreichend beachteten Fakten, die die mit der PID verbundene Selektion belegen, gehören die von der Europäischen Gesellschaft für Humanreproduktion und Embryologie jährlich publizierten Daten. Einzig die Stellungnahme des Deutschen Ethikrates befasste sich mit diesen Daten.[24] Die European Society of Human Reproduction and Embryology (ESHRE) ist keine Lebensschutzorganisation, sondern die Berufsvereinigung der Reproduktionsmediziner. Sie sammelt die Daten der PID-Zentren über die behandelten Zyklen, die Biopsien, die Diagnosen, auch die Fehldiagnosen, die Implantationen, die Schwangerschaften und die geborenen Kinder. Ein internationales Team von Reproduktionsmedizinern und Genetikern wertet die Daten aus und berichtet seit 2001 jährlich in der in Oxford erscheinenden Zeitschrift »Human Reproduction« über die Ergebnisse. In den Jahren 2009 und 2010 wurden die Daten von jeweils 57 Zentren ausgewertet.[25] Die Zentren verteilen sich über den ganzen Globus von Argentinien über Taiwan bis Finnland und von der Ukraine über die Türkei und Israel bis in die USA. Auch sechs deutsche Zentren sind dabei. Die Volksrepublik China und Afrika fehlen und von den USA hat vermutlich die Mehrheit der PID-Zentren ihre Daten nicht gemeldet. Dennoch sind die Daten repräsentativ für das Ausmaß der Selektion, die mit der PID verbunden ist. Sie zeigen, dass auf einen Embryo, der es 2007 nach einer PID bis zur Geburt schaffte, rund 33 Embryonen kamen, die der PID zum Opfer fielen. Die einzelnen Schritte dieser Selektion werden in den Daten minutiös dokumentiert.

24 Deutscher Ethikrat, Stellungnahme zur Präimplantationsdiagnostik, Berlin 2011, S. 26f.

25 V. Goossens, u.a., ESHRE PGD consortium data collection IX: cycles from January to December 2006 with pregnancy-follow up to October 2007, in: Human Reproduction, vol. 24 (2009), Nr. 8, S. 1786–1810. J. C. Harper, u.a., ESHRE PGD consortium data collection X: cycles from January to December 2007 with pregnancy follow-up to October 2007, in: Human Reproduction, vol. 25 (2010), Nr. 11, S. 2687–2707.

In 5.887 Zyklen wurden 68.568 Eizellen gewonnen, von denen 56.325 einer Insemination zugeführt wurden. Daraus entstanden 40.713 Embryonen. Eine erfolgreiche Zellentnahme zur Biopsie fand bei 31.520 Embryonen statt. Davon wurden 28.998 einer Diagnose unterzogen und 10.084, also knapp 35% als transferierbar eingestuft. In eine Gebärmutter transferiert wurden 7.183 Embryonen, 1.386 wurden kryokonserviert. Erfolgreich war die Implantation aber nur in rund 22% der Fälle, das heißt sie führte zu 1.609 Schwangerschaften. Diese wiederum endeten in 977 Geburten mit 1.206 Kindern.[26] Bei 40.713 Embryonen und 1.206 geborenen Kindern bedeutet PID somit: Fast 97% (39.507) der Embryonen gelangen nicht zur Geburt. Auf ein geborenes Kind kommen fast 33 Embryonen, die nicht geboren bzw. verworfen wurden. Die Daten der ESHRE zeigen das dramatische Ausmaß der Selektion. Die Diagnostik hat nie den Zweck einer üblichen medizinischen Diagnostik, nämlich dem diagnostizierten Patienten eine angemessene Therapie zukommen zu lassen, sondern immer den Zweck einer Fahndung nach Embryonen mit bestimmten Krankheitsdispositionen zum Zweck der Selektion und Tötung. Mit dem ärztlichen Heilauftrag hat die PID nichts zu tun. Darüber hinaus informieren die Daten der ESHRE auch über die Geschlechtsselektion, das sogenannte Social Sexing, über den Fetozid und die Pränataldiagnostik, die 2007 in 25% der PID-Fälle während der Schwangerschaft zur Absicherung der PID durchgeführt wurde. Damit wird auch die Behauptung relativiert, die PID sei eine Art vorverlagerte Pränataldiagnose. Die 2010 veröffentlichte Statistik enthält auch eine Zusammenfassung der von 2001 bis 2009 präsentierten Daten.[27] Danach wurden in den neun Jahren 161.644 Embryonen zum Zweck einer PID hergestellt. Davon wurden 28.761 in eine Gebärmutter übertragen. Sie führten zu 5.135 Geburten. Im Vergleich mit diesen Zahlen zeigen die Daten von 2010 auch die rasante Aus-

26 J. C. Harper, a.a.O., S. 2702.
27 J. C. Harper, a.a.O., S. 2686.

breitung der PID. Sie bestätigen Regine Kolleks These, dass die Durchführung reproduktionsmedizinischer und genetischer Dienstleistungen »in hohem Maße angebotsgesteuert« ist. Nicht die Nachfrage nach PID führt zur Vermehrung der PID-Zentren, sondern die Vermehrung der PID-Zentren führt zur Zunahme der PID. Schon Ende der 90er Jahre habe, so Kollek, »das Screening von in vitro erzeugten Embryonen in Abwesenheit eines familiären Risikos...bereits mehr als 60% aller PGDn« ausgemacht.[28] Dies bestätigt auch die Stellungnahme des Deutschen Ethikrates. Sie belegt mit Daten aus Frankreich und Großbritannien die Zunahme der PID[29] und hält auch fest, dass das Aneuploidienscreening zwei Drittel der PID- Untersuchungen ausmacht.[30]

B. Die missachteten Schranken einer Legalisierung

Die Legalisierung der PID hat erhebliche Konsequenzen für den Rechtsstaat, seine Verfassung und seine Rechtsordnung. Sie konterkariert das Embryonenschutzgesetz. Sie widerspricht der ersten drei Artikeln des Grundgesetzes, der Gewährleistung der Menschenwürde (Art. 1 Abs. 1), dem Lebensrecht (Art. 2 Abs. 2) sowie dem Diskriminierungsverbot Behinderter (Art. 3 Abs. 3). Nicht zuletzt gefährdet sie mit dem Gleichheitsprinzip einen Pfeiler des Demokratieverständnisses.

28 Regine Kollek, Vom Schwangerschaftsabbruch zur Embryonenselektion? Expansionstendenzen reproduktionsmedizinischer und gentechnischer Dienstleistungen, in: Ethik in der Medizin, 1999, 11, S. 123.

29 Deutscher Ethikrat, Stellungnahme zur Präimplantationsdiagnostik, a.a.O., S. 76 und 78.

30 A.a.O., S. 95.

I. Das Embryonenschutzgesetz

Das ESchG von 1990 hat das Ziel, die assistierte Reproduktion, die 1982 in Deutschland zur Geburt des ersten im Labor erzeugten Kindes führte, zu regulieren, um den künstlich erzeugten Embryo zu schützen. Das ESchG ist ein Instrument des Lebensrechts von Embryonen, nicht der Fortpflanzungsfreiheit von Eltern. Es verbietet den Reproduktionsmedizinern deshalb, »mehr Eizellen einer Frau zu befruchten als ihr innerhalb eines Zyklus übertragen werden sollen« (§ 1 Abs. 1 Nr. 5) und es verbietet zugleich, »innerhalb eines Zyklus mehr als drei Embryonen auf eine Frau zu übertragen« (§ 1 Abs. 1 Nr. 3). Mit diesen Verboten soll verhindert werden, dass im Labor Embryonen erzeugt werden, die keine Chance mehr auf einen Transfer in eine Gebärmutter haben, denen also noch vor der Implantation das Lebensrecht abgesprochen wird. Die Anwälte einer Zulassung der PID, wie die Gutachter der Leopoldina, versuchten, ihr Plädoyer für eine Legalisierung dadurch zu stützen, dass sie der Frau ein Recht zugestehen, sich auch im Rahmen einer künstlichen Befruchtung für oder gegen den Embryo zu entscheiden.[31] Auch ohne eine PID könne die Frau den Transfer des im Labor erzeugten Embryos ablehnen. Deshalb sei es ihr Recht, die Übertragung eines Embryos auch nach einer PID abzulehnen. Die Gutachter ignorierten die Logik der assistierten Reproduktion. Sie setzten sich darüber hinweg, dass zwischen einer künstlichen Befruchtung und der Implantation des im Labor erzeugten Embryos in die Gebärmutter ein »strenges Konnexitätsverhältnis« besteht.[32] Eltern, die sich zu einer assistierten Reproduktion entschließen, haben mit der Spende der Eizelle und der Samenzelle bei erfolgreicher Befruchtung bereits die Elternverantwortung im Sinne von Art. 6 Abs. 2 GG übernommen, der sie sich nicht

31 Leopoldina, a.a.O., S. 19.

32 Christian Starck, Verfassungsrechtliche Grenzen der Biowissenschaft und Fortpflanzungsmedizin, in: Juristen Zeitung, 57. Jg. (2002), S. 1067.

nachträglich und willkürlich wieder entziehen dürfen. »Elternschaft kann man nicht wie Erbschaft beliebig annehmen oder ausschlagen«.[33] Wer sich auf eine künstliche Befruchtung einlässt, ist demnach moralisch verpflichtet, sich den erzeugten Embryo auch implantieren zu lassen. Deshalb schrieb das ESchG vor, nur so viele Embryonen zu erzeugen, wie in einem Zyklus implantiert werden können. Für die PID aber würden nach dem Papier der DGGG von 2005 mindestens 4 bis 6, in Schweden10, nach dem Gutachten des Deutschen Ethikrates 6,9 Embryonen benötigt.[34] Letztlich würde bei einer Legalisierung der PID aber jede Begrenzung der Zahl der Embryonen hinfällig. Wenn nämlich die »erfolgreiche Behandlung« zum Maßstab der künstlichen Befruchtung mit PID wird, können so viele Embryonen erzeugt werden, wie zum Zweck des Transfers eines gewünschten Embryos notwendig sind.

II. Die Menschenwürdegarantie (Art. 1 Abs. 1 GG)

Die Anerkennung einer unantastbaren Menschenwürde in Art. 1 Abs. 1 GG beinhaltet das Verbot, den Menschen wie eine Sache zu behandeln. Würde ist Anspruch auf Achtung allein auf Grund des Menschseins. Mensch sein heißt Person sein und Person sein heißt, ein »Jemand« und nicht ein »Etwas« zu sein. Aus einem »Etwas« kann nie ein »Jemand« werden. Das Personsein des Menschen beginnt deshalb mit dem Menschsein, also mit der Zeugung. Jeder spätere Beginn des Personseins wäre willkürlich und würde den Embryo der Macht derjenigen ausliefern, die die Zäsur – Nidation, Hirntätigkeit, Empfindungs- oder Kommunikationsfähigkeit, extrauterine Lebensfähigkeit, Geburt oder was auch immer – definieren. Nicht das Vorliegen bestimmter Eigenschaften oder

33 Christian Hillgruber, Präimplantationsdiagnostik – verfassungsrechtlich verboten, gesetzlich erlaubt?, vgl. unten S. 63.

34 DGGG, Gesetzesvorschlag zur Änderung des ESchG vom 28.6.2005, S. 5. Der Deutsche Ethikrat spricht von durchschnittlich 6,9 benötigten Embryonen, Stellungnahme zur PID, a.a.O., S. 92.

Fähigkeiten verleiht die Menschenwürde, sondern allein das Menschsein, das heißt die Zugehörigkeit zur Spezies Mensch. Das Bundesverfassungsgericht stellte deshalb in seinem ersten Urteil zum Abtreibungsstrafrecht vom 25. Februar 1975 fest, »Wo menschliches Leben existiert, kommt ihm Menschenwürde zu; es ist nicht entscheidend, ob der Träger sich dieser Würde bewusst ist und sie selbst zu wahren weiß. Die von Anfang an im menschlichen Sein angelegten potentiellen Fähigkeiten genügen, um die Menschenwürde zu begründen«.[35] Die Menschenwürde ist, schrieben 14 katholische und evangelische Sozialethiker in einem gemeinsam erarbeiteten Papier »der jedem Menschen eignende, weil mit seinem Dasein gegebene und darum objektive Anspruch auf Achtung als Mensch … Weil der Anspruch auf Achtung unantastbar ist, darum ist es Verpflichtung aller staatlichen Gewalt, selbst diesen Anspruch zu achten und ihn dort, wo er bedroht oder missachtet wird, zu schützen«.[36] Über Jahrzehnte galt das Verdinglichungsverbot in der Interpretation des Grundgesetzes wie auch in der Rechtsprechung des Bundesverfassungsgerichts als Kern der Menschenwürdegarantie.[37] Dieses Verdinglichungsverbot gilt für jeden Menschen und in allen Phasen seiner Existenz, mithin auch in der frühesten Phase. Alles, was mit einem Menschen in dieser frühesten Phase seiner Existenz im Labor oder in der Gebärmutter getan wird, muss deshalb »nicht nur im Interesse der Eltern, sondern vor allem in seinem eigenen Interesse liegen. Der menschliche Embryo ist bereits ›Selbstzweck‹, propter seipsum existens, um seiner selbst willen existierend, wie Thomas von Aquin sagt und worin Kant mit ihm einig ist«.[38] Aus dem Verdinglichungsverbot ergibt sich die Ver-

35 BVerfGE 39, 1ff. (41).

36 Im Zentrum: Menschenwürde. Politisches Handeln aus christlicher Verantwortung, hrsg. von Bernhard Vogel, Berlin 2006, S. 21 f.

37 Maßgebend dafür G. Dürig in Maunz/Dürig, Hrsg., Grundgesetz-Kommentar Art.1 Abs. 1, Rn 28.

38 Robert Spaemann, Interview zur Stellungnahme der Leopoldina zur PID »Es wird verschleiert, dass es um Selektion geht«, in: Die Tagespost vom 29.1.2011.

fassungswidrigkeit der PID. In der diagnostischen Selektion liegt eine Instrumentalisierung des menschlichen Embryos vor, die ihn nicht mehr als Subjekt, sondern ausschließlich als Objekt behandelt. Dies gilt nicht nur bei der Erzeugung von sogenannten Rettungsgeschwistern, die unter einer Vielzahl von Embryonen nach bestimmten genetischen Merkmalen als passende Zell-, Knochenmarks- oder Blutspender ausgewählt werden,[39] sondern bei jedem Embryo, der nach PID selektiert wird. Die PID verletzt deshalb die Würde des Embryos ebenso wie sein Recht auf Leben und körperliche Unversehrtheit. Sie widerspricht dem Grundgesetz und dem ESchG. Darin stimmen zahlreiche Medizinrechtler und Verfassungsrechtler, aber auch Philosophen und Theologen überein.[40] Die Pflicht, jede Instrumentalisierung des Embryos zu unterlassen, wiegt schwerer als die Pflicht, zur Realisierung an sich wünschenswerter Ziele wie der Erfüllung eines Kinderwunsches oder eines Informationsanspruches der Eltern oder der Vermeidung schwerer Erkrankungen oder Behinderungen beizutragen. Den negativen Unterlassungspflichten bzw. Rechtspflichten kommt

39 Mareike Klekamp, Lücken im Lebensschutz. Humane Vorkernstadien und Präimplantationsdiagnostik aus der Sicht der Christlichen Gesellschaftslehre, Paderborn 2008, S. 83 ff. Vgl. auch die Geburt des ersten »Disignerbabys« in Frankreich 2011, in: Die Tagespost vom 10.2.2011 und Jürg Altwegg, Sein Name sei Hoffnung. Die Geburt des »Doktorbabys« spaltet Frankreich, in: FAZ vom 10.2.2011.

40 Vgl. Adolf Laufs, Soll eine PID eingesetzt werden dürfen? In: Juristen-Vereinigung Lebensrecht (JVL), Schriftenreihe 17, Köln 2000, S. 83 f.; ders., Stammzellen und Embryonenschutz. Herausforderungen des Rechtsstaates, Kirche und Gesellschaft 365, Köln 2009. Ralf Röger, Verfassungsrechtliche Grenzen der PID, in: JVL, Schriftenreihe 17, Köln 2000, S. 55 ff.; Rainer Beckmann, Rechtsfragen der PID, in: Medizinrecht, 2001, S. 169 ff. und Ernst-Wolfgang Böckenförde, »Dasein um seiner selbst willen«. Die Anerkennung der Würde des Menschen, wie sie das Grundgesetz ausspricht, ist auch auf die ersten Anfänge des Lebens zu erstrecken, in: Deutsches Ärzteblatt, 100. Jg. (2003), S. A 1246 ff.; Winfried Härle, Gefährliche Schritte. Warum man auf die Legalisierung der PID verzichten sollte, in: Zeitzeichen, 5. Jg. (2004), S. 12 ff.

im Konfliktfall immer der Vorrang vor den positiven Handlungspflichten bzw. den Tugendpflichten zu.[41]

III. Das Recht auf Leben und körperliche Unversehrtheit (Art. 2 Abs. 2 GG)

Das Recht auf Leben und körperliche Unversehrtheit in Art. 2 Abs. 2 GG kommt »jedem« Menschen vom Anfang seiner Existenz an zu. Auch hier hat das Bundesverfassungsgericht in seinem ersten Urteil zum Abtreibungsstrafrecht 1975 klare Worte gefunden. Weil der Entwicklungsprozess des Menschen »ein kontinuierlicher Vorgang« sei, der keine scharfen Einschnitte aufweise und eine genaue Abgrenzung der verschiedenen Entwicklungsstufen nicht zulasse, sei er auch nicht mit der Geburt beendet. Deshalb könne »der Schutz des Art. 2 Abs. 2 Satz 1 GG weder auf den ›fertigen‹ Menschen nach der Geburt noch auf den selbständig lebensfähigen nasciturus beschränkt werden«.[42] In seinem für bioethische Fragen nicht weniger wichtigen Urteil zum Luftsicherheitsgesetz vom 15. Februar 2006 hat das Bundesverfassungsgericht diese Interpretation des Grundrechts auf Leben einmal mehr unterstrichen. Mit Art.2 Abs.2 Satz 1 GG »wird die biologisch-physische Existenz jedes Menschen vom Zeitpunkt des Entstehens an bis zum Eintritt des Todes unabhängig von den Lebensumständen des Einzelnen, seiner körperlichen und seelischen Befindlichkeit,

41 Eberhard Schockenhoff, Einspruch im Namen der Menschenwürde. PID und therapeutisches Klonen instrumentalisieren das menschliche Leben für fremde Zwecke, in: FAZ vom 23.4.2001; ders., Wer ist ein Embryo?, in: Die Politische Meinung Nr. 384 (November 2001), S. 13 ff. Vgl. auch Robert Spaemann, Die schlechte Lehre vom guten Zweck, in: FAZ vom 23.10.1999 und Otfried Höffe, Rechtspflichten vor Tugendpflichten. Das Prinzip der Menschenwürde im Zeitalter der Biomedizin, in: FAZ vom 31.3.2001. Vor dem Hintergrund dieses Aufsatzes ist die Teilnahme Höffes an der Stellungnahme der Leopoldina, aber auch sein Aufsatz »Ein bemerkenswerter Fortschritt« in der FAZ vom 29.6.2011, in dem er die PID verteidigt, unverständlich.

42 BVerfGE 39, 1 (37).

gegen staatlichen Eingriff geschützt«.[43] Die PID missachtet dieses Recht, indem sie es auf das gewünschte gesunde oder unbelastete Kind beschränkt. Dem kranken oder belasteten Kind wird dieses Recht verwehrt. Die PID verletzt das den Rechtsstaat konstituierende Verbot, Unschuldige zu töten. Die Legalisierung der tödlichen Selektion erkrankter oder belasteter Embryonen ist gleichbedeutend mit der Legalisierung privater Gewaltanwendung, die ebenfalls gegen eine Konstitutionsbedingung des Rechtsstaates verstößt. So kam auch die Enquete-Kommission Recht und Ethik der modernen Medizin 2002 mit 16 zu 3 Stimmen zu dem Ergebnis, »dass die PID die Menschenwürde gemäß Art. 1 Abs. 1 und das Recht auf Leben gemäß Art. 2 Abs. 2 Satz 1 GG verletzt«.[44] Nur mit einem gehörigen Maß an Betriebsblindheit oder Chuzpe lässt sich diese Logik leugnen. Klaus Diedrich scheint dieses Maß an Chuzpe zu besitzen, wenn er behauptet, die PID bedeute »keine Entscheidung gegen ein Kind mit einer bestimmten Erkrankung, sondern für die Gesundheit des betroffenen Paares, wenn dieses die Erkrankung des zu erwartenden kranken Kindes nicht in die zukünftige Lebensplanung zu integrieren imstande ist«.[45] Diese Chuzpe erinnert an die Antwort der Regierung Kohl vom 29. Juni 1996 auf eine Kleine Anfrage zur Problematik der Spätabtreibungen und der weiten medizinischen Indikation, in der die Fiktion verbreitet wurde, Ziel des Schwangerschaftsabbruches sei die »Beendigung der Schwangerschaft«, nicht jedoch »die Tötung des Kindes«.[46] Die PID stellt das Lebensrecht des Embryos zur Disposition der Eltern. Sie macht es vom Bestehen eines Eignungstests abhängig. Sie beinhaltet den Anspruch der Mutter und der

43 BVerfGE 115, 118 (139).
44 Enquete-Kommission, a.a.O., S. 241.
45 Klaus Diedrich/Michael Ludwig, Überblick über die medizinischen Aspekte der Reproduktionsmedizin, in: Fortpflanzungsmedizin in Deutschland, Schriftenreihe des Bundesministeriums für Gesundheit, Bd. 132, Baden-Baden 2001, S. 37.
46 BT-Drucks. 13/5364.

Reproduktionsmediziner, eine Lizenz zum Leben zu erteilen oder zu verweigern. Der Preis für ein gesundes Kind nach PID ist der Tod von nahezu 33 Embryonen, wie die Daten der ESHRE jährlich zeigen. Aber selbst wenn nur 20 oder 10 oder nur ein einziger Embryo der tödlichen Selektion zum Opfer fallen würde, wäre die PID eine Verletzung des Rechts auf Leben, mithin verfassungswidrig.

IV. Das Diskriminierungsverbot Behinderter (Art. 3 Abs. 3 GG)

»Niemand darf wegen seiner Behinderung benachteiligt werden«. Diese 1994 beschlossene Ergänzung des Gleichheitsgrundsatzes in Art. 3 Abs. 3 Satz 2 GG veranlasste den Bundestag bei der Reform des Abtreibungsstrafrechts in § 218a StGB ein Jahr später auf die noch 1992 eingeführte embryopathische Indikation, die eine Abtreibung auf Grund einer Behinderung des Embryos rechtfertigen sollte und vom Bundesverfassungsgericht in seinem Urteil 1993 auch noch als grundgesetzkonform eingeschätzt wurde[47], wieder zu verzichten. Eine solche Abtreibung wäre ein offenkundiger Verstoß gegen das Diskriminierungsverbot in Art. 3 Abs. 3 Satz 2 GG. Genauso ist aber auch die PID eine Verletzung dieses Diskriminierungsverbots. Sie sucht gezielt nach behinderten oder genetisch belasteten Embryonen, um sie von einer Übertragung in eine Gebärmutter auszuschließen. Sie setzt die stillschweigende oder auch katalogisierte Unterscheidung von lebenswertem und lebensunwertem Leben voraus. Sie dient nicht der Verhinderung, sondern der Vernichtung von erkrankten oder belasteten Embryonen. Auch bei den Befürwortern der Legalisierung der PID gibt es allerdings ein unverfrorenes (Chuzpe-) Argument: Die PID diene dem Recht auf körperliche Unversehrtheit des gezeugten Kindes, das im späteren Leben seine Eltern wegen verminderter Lebensqua-

47 BVerfGE 88, 203 (257).

lität zur Rechenschaft ziehen könnte.[48] Dass die Gewährleistung dieses Rechts auf körperliche Unversehrtheit durch die Verweigerung des Rechts auf Leben zu realisieren sei, diese Logik müssen die Verteidiger der PID erst einmal erklären.

Die Legalisierung der PID ist auch ein Verstoß gegen die UN-Konvention über die Rechte von Menschen mit Behinderung, die von Deutschland am 30. März 2007 unterzeichnet wurde und die am 3. Mai 2008 völkerrechtlich in Kraft trat. In Art. 7 verpflichteten sich die Unterzeichnerstaaten, »alle erforderlichen Maßnahmen« zu treffen, »um zu gewährleisten, dass Kinder mit Behinderungen gleichberechtigt mit anderen Kindern alle Menschenrechte und Grundfreiheiten genießen können« (Abs. 1) und dass »bei allen Maßnahmen, die Kinder mit Behinderungen betreffen,…das Wohl des Kindes ein Gesichtspunkt (ist), der vorrangig zu berücksichtigen ist« (Abs. 2).[49] Diesem vorrangigen Wohl des Kindes, das als gleichberechtigtes Grundrechtssubjekt gesehen wird, widerspricht die Legalisierung der PID.

Die PID öffnet das Tor zur vorgeburtlichen Qualitätskontrolle. Sie erzeugt gesellschaftliche Erwartungen, dass behindertes Leben vermeidbar sei. Sie verstärkt den bereits durch die Praxis der Pränataldiagnostik auf die Mütter ausgeübten Druck, gesunde Kinder zu gebären. Sie fördert die Vorstellung, die Reproduktionsmedizin erfülle Optimierungswünsche. Eine solche Entwicklung entspricht dem, was der Pionier der assistierten Reproduktion und Träger des Medizinnobelpreises 2010 Robert Edwards schon in den 70er Jahren des 20. Jahrhunderts mit seinen Forschungen verband, nämlich den Eltern zu ermöglichen, die Verantwortung für die Gesundheit ihrer künftigen Kinder zu übernehmen. Eine solche Entwicklung würde dazu führen, dass »eine ungetestete Elternschaft im Ruf der Verant-

48 Die Enquete-Kommission Recht und Ethik der modernen Medizin, a.a.O., S. 206 zitiert solche Stimmen.

49 Übereinkommen der Vereinten Nationen über die Rechte von Menschen mit Behinderung vom 3.5.2008, hrsg. vom Bundesministerium für Arbeit und Soziales, Bonn 2010, S. 18.

wortungslosigkeit« steht.[50] Auch der Pionier der Genetik und Träger des Medizinnobelpreises 1962 James D. Watson forderte, Kinder, »deren Gene kein sinnvolles Leben zulassen, ... sollten gar nicht erst geboren werden«. Keine Mutter soll »unter einem Kind mit furchtbaren Entwicklungsfehlern leiden«. Deshalb solle man »bis zwei Tage nach der Geburt warten, bevor man etwas als Leben deklariert, als ein Kind mit Zukunft«.[51] Den IVF-Patientinnen würde »der Qualitätscheck per Embryonenauswahl ...potenzielles Leiden ersparen – und den Krankenkassen Kosten. Routinemäßig durchgeführt, dürfte die Selektionstechnik viel preiswerter sein als ein weiterer IVF-Zyklus«.[52] Die Legalisierung der PID führt »zur gesellschaftlichen Legitimierung einer zunehmenden Diskriminierung, Stigmatisierung und Entsolidarisierung von chronisch Kranken, Behinderten und deren Familien«.[53] Die Stellungnahme der Leopoldina behauptete zwar, dass von der Zulassung der PID »negative Auswirkungen auf Integration und Unterstützung geborener Menschen mit erblichen Krankheiten...ebenso wenig zu erwarten« seien, »wie sie bisher durch die PND-Praxis eingetreten« seien. Den gesellschaftlichen Auswirkungen der PND-Praxis wird diese Behauptung wohl kaum gerecht, gibt es doch genügend Erfahrungen von Eltern behinderter Kinder, die immer wieder implizit oder explizit zu hören bekamen, dass »so etwas« doch heute nicht mehr sein müsse.[54]

50 Dietmar Mieth, Genetische Frühselektion. In welcher Gesellschaft wollen wir leben?, in: Stimmen der Zeit, 2010, S. 669.
51 James D. Watson, Interview mit der Süddeutschen Zeitung vom 1.6.2001, Magazin, S. 28 ff.
52 Martin Spiewak, Wie weit gehen wir für ein Kind?, Frankfurt 2002, S. 173. Von »Eugenik im Reagenzglas« ist deshalb auch die Rede. Vgl. Teresia Maria de Jong, Babys aus dem Labor. Segen oder Fluch?, Weinheim 2002, S. 80.
53 Sigrid Graumann, Zur Problematik der Präimplantationsdiagnostik, in: Aus Politik und Zeitgeschichte B 27/2001, S. 24.
54 Vgl. Rüdiger Retzlaff, Leben mit einem Kind mit Behinderung, in: A. Katarina Weilert, Hrsg., Spätabbruch oder Spätabtreibung – Entfernung einer Leibesfrucht oder Tötung eines Babys? Tübingen 2011, S. 247 ff.

Die Gutachter, denen solche Erfahrungen offenkundig nicht ganz verborgen blieben, wissen dem nur einen moralischen Appell entgegen zu setzen: »Einem respektlosen Verhalten gegen Menschen mit Behinderungen oder ihre Eltern ist jedenfalls entgegenzuwirken«.[55] Die Legalisierung der PID fördert die Verschiebung gesellschaftlicher Erwartungen und den Druck auf die Eltern. Sie erinnert an das 1933 verabschiedete »Gesetz zur Verhütung erbkranken Nachwuchses«.

V. Das Demokratieverständnis

Der demokratische Rechtsstaat setzt die Gleichheit der Bürger voraus – nicht die soziale Gleichheit oder die Gleichheit der Anlagen, der Fähigkeiten oder des Vermögens, aber die Gleichheit »vor dem Gesetz«, wie es in Art. 3 GG heißt, das heißt die Gleichheit im Menschsein oder im »naturwüchsigen Ursprung«.[56] Dass die Menschen gezeugt und nicht erzeugt werden, ist die Voraussetzung der prinzipiellen Gleichheit, mithin die Grundlage einer Demokratie. Werden Menschen dagegen einer PID unterzogen, bevor sie die Lizenz zum Leben erhalten, hängt ihr Leben vom Urteil und vom Willen des Reproduktionsmediziners ab, dem die Eltern die Ressourcen geliefert haben. Durch die PID gewöhnt sich die Gesellschaft nicht nur »an eine Einkaufsmentalität bei der Fortpflanzung«,[57] sie öffnet vielmehr das Tor zu einer eugenischen Gesellschaft. Eine Reproduktionsmedizin, die den Menschen nicht mehr als empfangenes Geschöpf, sondern als bestelltes Produkt betrachtet, verändert die gesellschaftlichen

55 Leopoldina, a.a.O., S. 25. Vgl. auch die Kritik von Robert Spae-trtattatmann an diesem Appell in einem Interview mit Christoph Strack, in: Die Tagespost vom 29.1.2011: Auf einmal verlässt die Gutachter »die wissenschaftliche Haltung. Einer voraussehbaren sozialpsychologischen Konsequenz haben sie nichts anderes entgegenzusetzen als einen ohnmächtigen moralischen Appell«.

56 Robert Spaemann, Die Unantastbarkeit des menschlichen Lebens, Kommentar zur Instruktion »Donum Vitae«, Freiburg 1987, S. 84.

57 Martin Spiewak, a. a. O., S. 188.

Beziehungen. Der Mensch, der »gemacht« wird, kann leichter zerstört werden.[58] Die Gemachten sind die Geschöpfe der Macher. Dies gefährdet die Symmetrie der Beziehungen, auf die jede Zivilgesellschaft und jede Demokratie angewiesen sind.

In der Warnung vor dieser Gefahr waren sich die katholische Kirche und Jürgen Habermas einig. Für Habermas verletzt die PID die »Reziprozitätsbedingungen der kommunikativen Verständigung«, die bei allen gentechnischen und medizinischen Eingriffen die Möglichkeit einer Konsensunterstellung des betroffenen Embryos verlangen.[59] Menschenwürde sei an die »Symmetrie der Beziehungen« gebunden. »Sie ist nicht eine Eigenschaft, die man von Natur aus ›besitzen‹ kann wie Intelligenz oder blaue Augen; sie markiert vielmehr diejenige ›Unantastbarkeit‹, die allein in den interpersonalen Beziehungen reziproker Anerkennung, im egalitären Umgang der Personen miteinander eine Bedeutung haben kann«.[60] Die katholische Kirche stellte bereits 1987 in der Instruktion »Donum Vitae« über die Achtung vor dem beginnenden menschlichen Leben und die Würde der Fortpflanzung und dann erneut 2008 in »Dignitas Personae«, der Fortschreibung von »Donum Vitae«, fest, die künstliche Befruchtung vertraue »das Leben und die Identität des Embryos der Macht der Mediziner und Biologen an« und errichte »dadurch eine Herrschaft der Technik über Ursprung und Bestimmung der menschlichen Person«. Eine derartige »Herrschaftsbeziehung« aber widerspreche »in sich selbst der Würde und der Gleichheit, die Eltern und Kinder gemeinsam sein muss«.[61] Künstliche Befruchtung und PID widersprechen dem jeder freiheitlichen Gesellschaft und somit auch jeder rechtsstaatlichen Demokratie zugrundeliegenden

58 Joseph Ratzinger, Auf der Suche nach dem Frieden, in: FAZ vom 11.6.2004.

59 Jürgen Habermas, Die Zukunft der menschlichen Natur. Auf dem Weg zu einer liberalen Eugenik?, Frankfurt 2001, S. 90ff.

60 A.a.O., S. 62.

61 Instruktion der Kongregation für die Glaubenslehre »Donum Vitae« vom 10.3.1987, II, 5 und Instruktion »Dignitas Personae« vom 8.9.2008, Ziffer 17.

Prinzip gegenseitiger Anerkennung des jeweils anderen als mir Gleichem und eben nicht als von mir Gewolltem, Ausgewähltem oder Gemachtem. Der Mensch wird vom gezeugten Geschöpf zum bestellten Produkt. Deshalb widersprechen die künstliche Befruchtung und die PID der Goldenen Regel, dem anderen nicht das zuzufügen, was man an sich selbst nicht getan haben möchte.[62]

In der Logik der PID liegt die Gentherapie. Wenn es legitim sein soll, Embryonen auf Grund ihrer Behinderung oder ihrer genetischen Defekte einer tödlichen Selektion zu unterziehen, warum soll es dann nicht legitim und für Eltern viel »weniger belastend« sein, die genetischen Defekte auszuschalten oder eine genetische Optimierung vorzunehmen, bevor es zur Befruchtung einer Eizelle kommt? Die Frage, wer bestimmen kann, welche Veränderungen positiv und welche negativ oder welche Grenzen den Optimierungsvorstellungen der Genetiker zu ziehen wären, lässt sich weder mit wissenschaftlicher Kompetenz noch mit demokratischen Mehrheiten beantworten. Die prometheische Mentalität der Reproduktionsmediziner wird deshalb auf längere Sicht mit der Gleichheit der Menschen auch das friedliche Zusammenleben in einer Gesellschaft gefährden.[63]

62 Martin Rhonheimer, Die Instrumentalisierung menschlichen Lebens. Ethische Erwägungen zur In-Vitro-Fertilisierung, in: Franz Bydlinski/Theo Mayer-Maly, Hrsg., Fortpflanzungsmedizin und Lebensschutz, Innsbruck 1993, S. 56.

63 Einstweilen ist die aus der Reproduktionsmedizin erwachsene Gefährdung des gesellschaftlichen Friedens noch ein Thema von Romanen, von Klassikern wie Aldous Huxleys Schöne neue Welt, 1932 oder von neuen Jugendromanen wie Birgit Rabisch, Duplik Jonas 7, München 1997.

C. Die Bundestagsentscheidung zur Legalisierung der PID

I. Die Gesetzentwürfe

Am 7. Juli 2011 hat der Bundestag die Legalisierung der Präimplantationsdiagnostik (PID) beschlossen. Nach zwei großen Debatten am 14. April und am 7. Juli, deren Gegenstand drei verschiedene Gesetzentwürfe waren, entschied er sich mit deutlicher Mehrheit für jenen Entwurf, der die weitesten Ausnahmeregelungen vom Verbot der PID im Embryonenschutzgesetz vorsah. Der Gesetzentwurf war von 215 Abgeordneten aller im Bundestag vertretenen Parteien eingebracht worden – angeführt von Ulrike Flach (FDP), Peter Hintze (CDU), Carola Reimann (SPD), Petra Sitte (Die Linke), Jerzy Montag (Bündnis 90/Die Grünen) und Heinz Lanfermann (FDP).[64] Er fügt in das Embryonenschutzgesetz von 1990 einen neuen Paragraphen 3a ein, der eine PID für »nicht rechtswidrig«, mithin für rechtmäßig erklärt, wenn sie entweder »auf Grund der genetischen Disposition« der Eltern vorgenommen werden soll, »für deren Nachkommen das hohe Risiko einer schwerwiegenden Erbkrankheit« besteht, oder wenn eine schwerwiegende Schädigung des Embryos festgestellt werden soll, »die mit hoher Wahrscheinlichkeit zu einer Tot- oder Fehlgeburt führen wird«. Da eine solche Schädigung des Embryos erst durch die PID festgestellt werden kann, ist diese Regelung geeignet, die PID in der assistierten Reproduktion von der Ausnahme zur Regel werden zu lassen, selbst dann, wenn die Durchführung der PID noch an die Zustimmung einer Ethikkommission gebunden wird.

Ein zweiter Gesetzentwurf von 35 Abgeordneten um René Röspel (SPD) und Priska Hinz (Bündnis 90/ Die Grünen), dem sich auch Bundestagspräsident Norbert Lammert (CDU) angeschlossen hatte, sah ebenfalls eine Legalisierung der PID vor,

64 BT-Drucks. 17/5451.

allerdings unter engeren Voraussetzungen.[65] Eine PID sollte nur dann »nicht rechtswidrig« sein, wenn »eine genetische oder chromosomale Disposition« der Eltern oder eines Elternteiles mit hoher Wahrscheinlichkeit eine Schädigung des Embryos zur Folge hat, die zu einer Tot- oder Fehlgeburt führt. Bei der ersten Lesung am 14. April 2011 hatte dieser Gesetzentwurf die PID auch noch dann ermöglichen wollen, wenn die Schädigung des Embryos »zum Tod im ersten Lebensjahr führen kann«. Diesen Ausnahmetatbestand hatten die Antragsteller vor der zweiten Lesung gestrichen, weil wiederholt kritisiert worden war, dass diese Befristung willkürlich sei und weil das Recht auf Leben nicht von der zu erwartenden Lebensdauer abhängig gemacht werden könne.

Der dritte Gesetzentwurf von 192 Abgeordneten zielte auf ein striktes Verbot der PID. Im Gendiagnostikgesetz, das erst 2009 verabschiedet worden war und die PID ausgespart hatte, weil die Abgeordneten davon ausgegangen waren, dass sie durch das Embryonenschutzgesetz mit hinreichender Klarheit verboten sei, sollte ein Paragraph 15a »Verbot der Präimplantationsdiagnostik« eingefügt werden: »Eine vorgeburtliche Untersuchung an einem durch künstliche Befruchtung extrakorporal erzeugten oder einer Frau vor Abschluss seiner Einnistung in der Gebärmutter entnommenen menschlichen Embryo, die darauf abzielt, bestimmte genetische Eigenschaften oder das Geschlecht vor der Implantation zu erkennen (Präimplantationsdiagnostik), darf nicht vorgenommen werden«. Zu den Unterzeichnern dieses Gesetzentwurfes zählten ebenfalls Abgeordnete aller Fraktionen, an ihrer Spitze Katrin Göring-Eckhardt (Bündnis 90/Die Grünen), Volker Kauder (CDU), Pascal Kober (FDP), Johannes Singhammer (CSU), Wolfgang Thierse (SPD) und Kathrin Vogler (Die Linke).[66]

Da sich die Antragsteller nicht darauf einigen konnten, welcher der drei Anträge der »weitestgehende« sei, über den dann

65 BT-Drucks. 17/5452.
66 BT-Drucks. 17/5450.

nach parlamentarischem Brauch zuerst abgestimmt worden wäre, wurde in der zweiten Lesung am 7. Juli 2011 in einem sogenannten »Stimmzettelabstimmungsverfahren« gleichzeitig und namentlich über alle drei Anträge abgestimmt. Dabei erhielt der Antrag Flach 306, der Antrag Göring-Eckhardt 228 und der Antrag Röspel 58 Stimmen. Der Antrag Flach hatte damit bereits in der zweiten Lesung die absolute Mehrheit der Stimmen erreicht. Die beiden anderen Anträge waren aus dem Rennen. In der abschließenden dritten Lesung am gleichen Tag ging es nur noch um das »Ja« oder »Nein« zum Antrag Flach. Mit Ja stimmten 326, mit Nein 260 Abgeordnete, acht enthielten sich. Die Mehrheit der Unterstützer des Antrags Röspel stimmte nun gegen den Antrag Flach.

Ein besonderes Interesse bei der Abstimmung zog die Fraktion der CDU/CSU auf sich, hatte sich die CDU doch in ihrem Grundsatzprogramm von 2007 für ein Verbot der PID ausgesprochen und dieses Verbot auf ihrem Parteitag in Karlsruhe am 16. November 2010 noch einmal, wenngleich mit der sehr knappen Mehrheit von 408 zu 391 Stimmen, bekräftigt. Bei der zweiten Lesung stimmten 148 Abgeordnete der CDU/CSU-Fraktion für den Verbotsantrag von Göring-Eckhardt, 66 für den Antrag Flach und 13 für den Antrag Röspel. Bei der abschließenden dritten Lesung stimmten dann 70 Abgeordnete für und 154 gegen den Antrag Flach, drei enthielten sich der Stimme. Zehn beteiligten sich nicht an der Abstimmung. Die Abgeordneten der CDU/CSU-Fraktion, die den Verbotsantrag nicht unterstützten, waren somit das Zünglein an der Waage. Ohne sie hätte der Antrag Flach keine Mehrheit bekommen. Die Bundeskanzlerin, deren Votum gegen die PID im Vorfeld des Karlsruher Parteitages 2010 vermutlich den Ausschlag für die knappe Mehrheit für ein Verbot der PID gegeben hatte, beteiligte sich an der Debatte im Bundestag nicht, stimmte in der Schlussabstimmung aber gegen den Antrag Flach.

Die Entscheidung zur Legalisierung der PID gehört wie die Entscheidungen zur Legalisierung der Abtreibung in § 218a StGB 1974, 1976, 1992 und 1995 zu den historischen Entscheidungen des Bundestages[67], bei denen nicht nur alle Fraktionen den Fraktionszwang aufhoben und die Fronten des Pro und Contra quer durch alle Parteien gingen, sondern im Vorfeld auch Verbände, Kirchen, Medien und Wissenschaft ihre Stellungnahmen abgaben. Verzeichnet schon das Protokoll der ersten Lesung der Gesetzentwürfe am 14. April 30 gehaltene und 12 eingereichte Reden,[68] so enthält das Protokoll der 2. und 3. Lesung am 7. Juli die ungewöhnlich hohe Zahl von 37 gehaltenen und 36 eingereichten Reden.[69] Die Entscheidung zur Legalisierung der PID gehört aber wie jene zum Abtreibungsstrafrecht auch zu den dunkelsten Stunden des deutschen Gesetzgebers.[70] Sie bedeutet einen Paradigmenwechsel vom unbedingten Schutz des ungeborenen menschlichen Lebens hin zu einem bedingten Schutz. Der den Rechtsstaat konstituierende Lebensschutz wird im Grunde aufgegeben. Er wird abhängig gemacht vom Bestehen eines Eignungstests. Der Mensch wird im frühesten Stadium seiner Existenz einer Qualitätskontrolle unterworfen. Er wird vom gezeugten Geschöpf, dem Rechte zustehen, weil er gezeugt wurde, zum bestellten und geprüften Produkt, dessen Rechte zur Disposition des Produzenten stehen.

II. Die Debatte

Die Abgeordneten, die sich für eine Legalisierung der PID einsetzten, vermieden es fast durchgängig, auf verfassungsrechtliche oder völkerrechtliche Einwände gegen die PID einzugehen. Die Fragen nach der Vereinbarkeit der PID mit der Menschenwürde des Embryos in vitro, mit seinem Le-

67 Zu den Abtreibungsentscheidungen vgl. Manfred Spieker, Kirche und Abtreibung in Deutschland. Ursachen und Verlauf eines Konfliktes, 2. Aufl. Paderborn 2008, S. 15–107.
68 Deutscher Bundestag, Plenarprotokoll 17/105.
69 Deutscher Bundestag, Plenarprotokoll 17/120.
70 Friedrich Wilhelm Bosch nannte die Reform des § 218 StGB 1992 »die dunkelste Stunde der deutschen Legislative«, in: Rheinischer Merkur vom 24.7.1992.

bensrecht und mit dem Diskriminierungsverbot Behinderter spielte in ihren Argumenten keine Rolle. Im Mittelpunkt stand das Argument, die Angst und das Leid von Hochrisikopaaren lindern zu wollen. Die Gegner einer Legalisierung hoben demgegenüber auf den Selektionsaspekt der PID sowie die Menschenwürdegarantie, das Lebensrecht und das Diskriminierungsverbot Behinderter im Grundgesetz ab. Eine Legalisierung der PID sei damit unvereinbar. Darüber hinaus wiesen sie auf den sozialen Druck hin, den eine Zulassung der PID für Behinderte und Hochrisikopaare erzeugen würde, und erhoben eine Reihe von pragmatischen Einwänden gegen Lücken, Widersprüche und offene Rechtsbegriffe in den beiden Gesetzentwürfen, die eine Legalisierung befürworteten.

1. Die »Ethik des Helfens«

In der Begründung ihres Gesetzentwurfes stellten Flach/Hintze die Not der Frau in den Mittelpunkt: »Bei der Abwägung zwischen den Ängsten und Nöten der Betroffenen und ethischen Bedenken wegen der Nichtimplantation eines schwer geschädigten Embryos trifft dieser Gesetzentwurf eine Entscheidung zugunsten der betroffenen Frau«.[71] Die tödliche Selektion des Embryos nach einer PID mit positivem Befund wurde so zur »Nichtimplantation« und die Bedenken wegen der Nichtimplantation waren nicht verfassungsrechtlicher, sondern »ethischer« Natur, d.h. zwar legitim, aber in einer pluralistischen Gesellschaft eben auch unverbindlich. Die PID ermögliche genetisch stark vorbelasteten Eltern, »ein gesundes Kind zur Welt zu bringen« und erfülle deshalb »hohe ethische Kriterien«.[72] Zu der vor allem von Peter Hintze vertretenen »Ethik des Helfens«[73] gehörte einerseits die Reduzierung der PID auf eine moderne medizinische Diagnostik, andererseits ihre Überhöhung zu einer Therapie, deren Verbot die Würde

71 BT-Drucks. 17/5451, S. 9.
72 BT-Drucks. 17/5451, S. 8.
73 Plenarprotokoll 17/120, S. 13876; Plenarprotokoll 17/105, S. 11948 f.

und das Grundrecht der Frau auf körperliche Unversehrtheit verletze.[74] Bei der anstehenden Entscheidung gehe es »um Menschen in großer Not«.[75] Der Gesetzgeber habe nicht das Recht, den betroffenen Paaren die medizinische Möglichkeit der PID zu versagen, wo wir doch auch »anderes Leid nicht einfach (ertragen), sondern behandeln und therapieren«.[76] Die betroffenen Frauen hätten deshalb »in Selbstbestimmung einen Anspruch auf die medizinische Dienstleistung einer PID«.[77] Sie sei ein geeignetes Mittel »zur Verminderung gravierender Gesundheitsrisiken«.[78]

Die Illusion, die PID sei nichts weiter als eine moderne medizinische Technologie, eine »Diagnostik«, die zur Linderung von Leid, ja sogar zur Mehrung von Glück beitrage,[79] verstellte in der Regel den Blick auf den Preis, den diese »Diagnostik« verlangt: die tödliche Selektion der Embryonen mit positivem Befund. Schon die Definition der PID, die Ulrike Flach in der ersten Lesung zur Begründung ihres Gesetzentwurfes vorlegte, demonstrierte diese Blickverengung. Die PID sei »ein Instrument im Rahmen der künstlichen Befruchtung, das Wissen über Erkrankungen der befruchteten Eizelle vermittelt, bevor sie in die Gebärmutter eingepflanzt wird«.[80] Diese Definition ignorierte die Tatsache, dass einer PID mit positivem Befund eben nicht die Einpflanzung, sondern die tödliche Selektion des Embryos folgt.

Der »Ethik des Helfens« setzten die Gegner der PID die »Ethik des Lebens« entgegen. Eine Legalisierung der PID

74 Plenarprotokoll 17/120, S. 14178 (Tabea Rößner).
75 Plenarprotokoll 17/105, S. 11946 (Ulrike Flach); S. 11959 (Frank-Walter Steinmeier).
76 Plenarprotokoll 17/120, S. 13879 (Carola Reimann); S. 13909 (Ursula von der Leyen).
77 Plenarprotokoll 17/120, S. 13883 (Jerzy Montag); S. 13905 (Gabriele Molitor); S. 14160 (Wolfgang Börnsen).
78 Plenarprotokoll 17/105, S. 11970 (Sabine Leutheusser-Schnarrenberger).
79 Plenarprotokoll 17/120, S. 14172 (Jens Koeppen).
80 Plenarprotokoll 17/105, S. 11945 (Ulrike Flach).

würde einen dramatischen Paradigmenwechsel bedeuten, weil nicht mehr gelten würde, »was bisher in diesem Deutschen Bundestag gültig war, nämlich dass niemand … wegen seiner genetischen Prädisposition vom Leben ausgeschlossen wird«.[81] Eine erstaunlich breite Koalition von Abgeordneten aller Fraktionen, die sonst in vielen Fragen sehr gegensätzliche Positionen beziehen, wehrte sich mit markanten Reden gegen diesen Paradigmenwechsel. Dazu zählten u.a. Volker Kauder, Günter Krings, Maria Böhmer, Patrick Sensburg, Rudolf Henke, Elisabeth Winkelmeier-Becker, Maria Flachsbarth von der CDU, Johannes Singhammer und Norbert Geis von der CSU, Wolfgang Thierse, Andrea Nahles und Ulla Schmidt von der SPD, Kathrin Göring-Eckhardt, Volker Beck und Birgitt Bender von Bündnis 90/Die Grünen, Pascal Kober von der FDP sowie Wolfgang Nescovic, Kathrin Vogler und Ilja Seifert von der Linken. Sie wiesen immer wieder auf den von den Legalisierungsbefürwortern ausgesparten Selektionscharakter der PID und auf die verfassungsrechtlichen Barrieren für jede Selektion hin. Hinter jeder PID stehe, »darum sollte sich niemand herumdrücken, die Option auf Selektion«.[82] Ihre Zulassung »würde genau den Selektionsgedanken in die deutsche Rechtsordnung wieder einführen, dem der Gesetzgeber mit der Ablehnung der embryopathischen Indikation … bei der Reform des § 218 ausdrücklich widersprochen hat«.[83] Mehrere Abgeordnete unterstrichen, dass die PID nicht, wie in der »Ethik des Helfens« behauptet, Behinderungen verhindere, sondern Behinderte vernichte.[84] »PID sorgt nicht dafür, dass von vornherein kein Leben mit irgendwelchen von der Medizin, der Gesellschaft oder der Politik definierten Defizi-

81 Plenarprotokoll 17/120, S. 13889 (Volker Kauder).
82 Plenarprotokoll 17/105, S. 11949 f. (Birgitt Bender).
83 Plenarprotokoll 17/120, S. 13881 (Wolfgang Thierse); S. 14168 (Norbert Geis); S. 14180 (Johanna Voß).
84 Plenarprotokoll 17/105 (Katrin Göring-Eckhardt); S. 12113 (Volker Beck); Plenarprotokoll 17/120, S. 13879 (Harald Terpe); S. 14179f. (Johannes Singhammer).

ten entsteht, sondern sie ermöglicht nur, dass dieses Leben in einem möglichst frühen Stadium aussortiert wird«.[85]

Mit den ersten drei Artikeln des Grundgesetzes ist dieser Selektionscharakter der PID, wie oben dargelegt, nicht in Einklang zu bringen. Zahlreiche Abgeordnete aller Fraktionen unterstrichen die Unvereinbarkeit der PID mit der Menschenwürdegarantie in Art. 1 I GG, dem Recht auf Leben und körperliche Unversehrtheit in Art. 2 II GG und dem Diskriminierungsverbot Behinderter in Art. 3 III GG. Durch die PID sei die Würde des Embryos betroffen – nicht nur die Würde jenes Embryos, der nach der Untersuchung verworfen wird, sondern auch des Embryos, »der sich nach einer PID weiterentwickeln darf; denn er darf sich nur weiterentwickeln, weil er keine genetischen Vorbelastungen und Einschränkungen aufweist«. Damit werde gegen den Grundsatz verstoßen, »dass jedes Leben sich um seiner selbst willen entwickeln darf«.[86] Die Menschenwürdegarantie des Art. 1 I GG verbiete es, den Menschen auch im frühesten Stadium seiner Existenz wie eine Sache zu behandeln[87] und die Personalität des Menschen von der Anerkennung Dritter abhängig zu machen.[88] Das Lebensrecht auch des Embryos in vitro stehe nicht zur Disposition des Gesetzgebers, einer Ethikkommission oder eines einzelnen Arztes.[89] Es dürfe nicht an genetischen Merkmalen festgemacht werden.[90] Der nachvollziehbare Wunsch nach einem Kind könne nie das Lebensrecht des Embryos »überspielen«.[91] Der Schutz des Lebens sei »der grundlegende, nicht zu relativierende und in

85 Plenarprotokoll 17/120, S. 13897 (Elisabeth Winkelmeier-Becker).
86 Plenarprotokoll 17/105, S. 11952 (Ulla Schmidt); S. 11967 (Markus Kurth); Plenarprotokoll 17/120, S. 13887 (Pascal Kober); S. 14181 (Andrea Astrid Voßhoff).
87 Plenarprotokoll 17/105, S. 12115 (Norbert Geis); S. 12119 (Patrick Sensburg).
88 Plenarprotokoll 17/120, S. 14168 (Norbert Geis).
89 Plenarprotokoll 17/105, S. 11947 (Günter Krings); S. 12113 (Volker Beck).
90 Plenarprotokoll 17/120, S. 13907 (Rudolf Henke).
91 Plenarprotokoll 17/105, S. 11947 (Günter Krings).

keiner Weise zur Disposition des Staates, des Gesetzgebers oder der Exekutive stehende Wert unserer Verfassung und grundlegende Voraussetzung für die Aufrechterhaltung der wichtigsten ethischen Grundlagen unserer Gesellschaft«.[92] Was schließlich die Einstellung gegenüber Behinderten betrifft, so appellierte der an einen Rollstuhl gefesselte Abgeordnete der Linken Ilja Seifert an seine noch unentschiedenen Kollegen, »spätestens seit der UN- Behindertenrechtskonvention« wüsste man doch, »dass Menschen mit Behinderungen Teil der Menschheit« sind.[93] »Die Einführung einer Technik, die nur darauf abzielt, genetisch belastete Embryonen auszusortieren, konterkariert das Verbot der Diskriminierung von Menschen mit Behinderungen – Art. 3 III GG«.[94] Jedes menschliche Leben zu schützen, entspreche »der Logik der ersten drei Artikel unserer Verfassung«.[95]

In der weit überwiegenden Mehrheit der 115 Reden spiegelte sich ein ernsthaftes Ringen um die richtige Regelung der PID. Polemik war rar in den beiden Debatten am 14. April und am 7. Juli. Zwar fiel auf, dass sich die Legalisierungsbefürworter auf die verfassungsrechtlichen Einwände gegen die PID nicht einlassen wollten. Sie stellten immer wieder das Schicksal genetisch belasteter Hochrisikopaare in den Vordergrund und beriefen sich darauf, ihnen – unter Ausblendung des Schicksals des Embryos – helfen zu wollen. Aber sie enthielten sich in den meisten Fällen jeder Polemik. In den wenigen Fällen, in denen doch Polemik in die Debatte einzog, ging sie von den Legalisierungsbefürwortern aus. Sie warfen den Gegnern der PID Paternalismus und ein unmündiges Menschenbild vor. Die PID verbieten und damit der Selbstbestimmung der Frau entziehen zu wollen, sei »paternalistisch«.[96] Der Ver-

92 Plenarprotokoll 17/120, S. 14166 (Erich G. Fritz).
93 Plenarprotokoll 17/120, S. 13895 (Ilja Seifert).
94 Plenarprotokoll 17/120, S. 14183 (Josef Philip Winkler).
95 Plenarprotokoll 17/105, S. 12113 (Volker Beck).
96 Plenarprotokoll 17/120, S. 13903 (Kerstin Müller); S. 14164 (Christine Buchholz).

botsantrag der Gegner der PID gehe »von einem unmündigen Menschen« aus, die Legalisierungsbefürworter dagegen »von einem mündigen Menschen«.[97] Im Ton einer Enthüllung wurde den Gegenern auch die Behauptung entgegengeworfen, sie verträten eine »religiöse Position«[98] und die ganze PID-Debatte sei ein »Nachhutgefecht zu der Debatte um den Schwangerschaftsabbruch«.[99]

2. Ist der Embryo ein Mensch?

In den seltenen Beiträgen von Legalisierungsbefürwortern, die ihren Blick auch auf den Embryo in vitro und sein tödliches Schicksal richteten, wurden verfassungsrechtliche Bedenken gegen die Zulassung der PID dadurch zurückgewiesen, dass der moralische Status des Embryos bestritten wurde. Der Diskurs zur PID und zum Rechtsstatus des Embryos in vitro sei »von vorrechtlichen, metaphysischen, ja religiösen Festlegungen, Erwägungen und Vorstellungen durchsetzt« und deshalb keinem breiten gesellschaftlichen Konsens zugänglich.[100] Die Ansicht, dass der Embryo »schon ein Mensch ist«, sei eine »religiöse Position«.[101] Die PID werde zu einem Zeitpunkt vorgenommen, »an dem Zellen in einem Reagenzglas liegen«.[102] Dieser Zeitpunkt sei »das Vorembryonalstadium, nicht das Embryonalstadium«.[103] Eine befruchtete Eizelle würde erst im Körper der Frau zu einem Menschen. Sie hätten in der Petrischale nur eine »genetische Identität«, aber noch keine

97 Plenarprotokoll 17/120, S. 13909 (Ursula von der Leyen).
98 Plenarprotokoll 17/120, S. 13900 (Karl Lauterbach).
99 Plenarprotokoll 17/120, S. 13903 (Kerstin Müller).
100 Plenarprotokoll 17/105, S. 11970 (Sabine Leutheusser-Schnarrenberger).
101 Plenarprotokoll 17/120, S. 13900 (Karl Lauterbach); S. 13880 (Martina Bunge).
102 Plenarprotokoll 17/120, S. 13886 (Karin Evers-Meyer); S 13888 (Katherina Reiche).
103 Plenarprotokoll 17/105, S. 11968 (Helge Braun).

»persönliche Identität«. Deshalb stehe ihr weder Würde noch ein Recht auf Leben zu.[104]

Einen Beleg für ihre These, dass der Embryo noch kein Mensch sei, glaubten einige der Legalisierungsbefürworter in der »Spirale« zu finden. Wenn der Embryo, dessen Einnistung in die Gebärmutter die Spirale verhindert, schon ein Mensch wäre, dann sei der Einsatz der Spirale ja »im Prinzip die Abtötung eines Menschen«. Das aber sei eine »völlig unhaltbare« Position.[105] Wer keinen Unterschied mache »zwischen einem Menschen ... und einer entwicklungsfähigen Zelle«, der müsse »die Spirale verbieten«, durch die »jährlich entwicklungsfähige Menschen zu Hunderttausenden aus dem Körper gespült (werden)«.[106] Er müsste sogar »die In-Vitro-Fertilisation in Gänze verbieten, denn damit produziert man Menschen, die man dann sterben lässt«.[107] Weil jedoch zwischen der befruchteten Eizelle in der Petrischale und dem Embryo in der Gebärmutter ein Unterschied bestehe, seien »konsequenterweise Nidationshemmer zugelassen« worden.[108]

Die Gegner der PID vermieden es leider, auf das Argument mit der Spirale einzugehen. Es wäre leicht gewesen, das Argument zurückzuweisen. Zum einen entbehrt die Schlussfolgerung, die befruchtete Eizelle könne noch kein Mensch sein, weil die Spirale ihre Einnistung in die Gebärmutter verhindere, jeder Logik. Zum anderen gibt es in der deutschen Rechtsordnung kein Gesetz, das die Zulassung der Spirale ausdrücklich erlaubt oder regelt. Meistens wird eine solche Zulassung aus § 218 Abs. 1 Satz 2 StGB herausgelesen: »Handlungen, deren Wirkung vor Abschluss der Einnistung des befruchteten Eies in die Gebärmutter eintritt, gelten nicht als Schwangerschafts-

104 Plenarprotokoll 17/105, S. 12117 (Christel Happach-Kasan); S. 12121 (Stephan Thomae); Plenarprotokoll 17/120, S. 14163 (Christine Buchholz).
105 Plenarprotokoll 17/120, S. 13900 (Karl Lauterbach).
106 Plenarprotokoll 17/105, S. 11949 (Peter Hintze); Plenarprotokoll 17/120, S. 14176 (Ruprecht Polenz).
107 Plenarprotokoll 17/120, S. 13900 (Karl Lauterbach).
108 Plenarprotokoll 17/120, S. 13888 (Katherina Reiche).

abbruch im Sinne dieses Gesetzes«. Dieser Satz verdankt seine Existenz aber, wie oben erwähnt, dem Charakter des Strafgesetzbuches. Das Strafgesetzbuch definiert Straftaten, die als solche erkennbar sein müssen, bevor etwas über Sanktionen gesagt wird. Da die Wirkungen nidationshemmender Mittel ungeachtet ihrer moralischen Problematik im Einzelfall nicht nachweisbar sind, können sie kein Gegenstand des Strafgesetzbuches sein. Paragraph 218 Abs. 1 Satz 2 StGB lässt sich deshalb weder als Zulassung der Spirale noch als Aussage über den Beginn des menschlichen Lebens interpretieren.

Eine erhebliche Rolle spielte in der Debatte der wiederholte Hinweis, bei der PID gehe es nur um eine sehr kleine Zahl von Ehepaaren, eben die sogenannten Hochrisikopaare.[109] »Wir machen ein Gesetz für wenige hundert Menschen, nicht für die Allgemeinheit«.[110] Das Argument mit den wenigen Paaren, um die es bei der PID gehe, ist mit dem Bestreiten des moralischen Status des Embryos, nur schwer in Einklang zu bringen. Wenn der Embryo in vitro nur ein Zellhaufen, aber noch kein Mensch ist, dann gibt es keinen Grund, die PID nicht völlig frei zu geben. Wer die Frage verneine, ob der Mensch »mit wenigen Zellen die gleiche Würde und das gleiche Lebensrecht wie der geborene Mensch (hat)«, wer sich auf den Standpunkt stelle, »dass Lebensrecht und Menschenwürde erst zu einem späteren Zeitpunkt entstehen,...der braucht dem Auswahlrecht der Eltern überhaupt keine Schranken zu setzen«.[111] Hinter der Beteuerung, die Legalisierung der PID betreffe nur wenige hundert Paare, stand wenn schon nicht die Erkenntnis, so doch das Gefühl, dass die PID eben doch den Menschen im frühesten Stadium seiner Existenz betrifft. Dahinter stand

109 Plenarprotokoll 17/105, S. 11946 (Ulrike Flach) und S. 11949 (Peter Hintze); Plenarprotokoll 17/120, S. 13878 (Ulrike Flach); S. 13898 (Christel Happach-Kasan); S. 13903 (Kerstin Müller); S. 14175 (Ruprecht Polenz).

110 Plenarprotokoll 17/120, S. 13892 (Erik Schweikert); S. 14175 (Ruprecht Polenz).

111 Plenarprotokoll 17/120, S. 13896 (Elisabeth Winkelmeier-Becker).

das Gefühl, einen Paradigmenwechsel vorzunehmen, der in das Lebensrecht des Embryos eingreift. Die Bedeutung dieses Paradigmenwechsels sollte mit dem Hinweis auf die geringe Zahl der betroffenen Paare heruntergespielt werden. Dem Argument mit den »wenigen Paaren« wurde entgegengehalten, dass es »überhaupt keine Rolle« spiele, »ob es 200 oder 2000 Paare sind«, der »Dammbruch« bestehe darin, dass der Embryo, »bevor er eingepflanzt wird, eine genetische Qualitätskontrolle durch laufen muss«.[112] Die Entscheidung über die PID sei keine Entscheidung, »die nur ganz wenige Paare« betrifft, sondern eine Entscheidung, »in der es um unsere Gesellschaft als Ganzes geht«.[113] Sie verändere »unsere ganze Haltung gegenüber Schwangerschaft, Geburt und Elternschaft«,[114] darüber hinaus »schleichend und grundsätzlich« auch »unseren Blick auf das menschliche Leben« überhaupt.[115]

Die Befürworter einer Legalisierung ignorierten im übrigen die Mahnung der Enquete-Kommission Recht und Ethik der modernen Medizin des 14. Deutschen Bundestages, der in seinem Schlussbericht 2002 empfohlen hatte, »vor dem Hintergrund der Erfahrungen mit pränataler genetischer Diagnostik … alle schon heute absehbaren bzw. diskutierten möglichen Anwendungsoptionen der PID, einschließlich des routinemäßigen Chromosomen-›Screenings‹ von Embryonen in vitro, in die Diskussion einzubeziehen und diese nicht … auf die Indikation bei sog. Hochrisikopaaren zu verengen«.[116] Sie ignorierten auch die Erfahrungen mit der Pränataldiagnostik (PND), auf die einige der Legalisierungsgegner hinwiesen. Auch die PND sei als »ganz enge Ausnahmeregelung« eingeführt worden und habe sich dann zum Standard der ärztlichen Schwangerenbegleitung entwickelt. Sie sei die Ursache der

112 Plenarprotokoll 17/120, S. 13904 (Andrea Nahles).
113 Plenarprotokoll 17/120, S. 13898 (Katrin Göring-Eckardt).
114 Plenarprotokoll 17/105, S. 11964 (Kathrin Vogler).
115 Plenarprotokoll 17/120, S. 14164 (Ingrid Fischbach); Plenarprotokoll 17/105, S. 12117 (Maria Michalk).
116 Enquete-Kommission, a. a. O., S. 181.

rund 3000 Spätabtreibungen jährlich, die, so die von den Legalisierungsbefürwortern eingeladene Bettina Schöne-Seifert in der Anhörung des Gesundheitsausschusses, »embryopathisch motiviert« seien, aber unter der »Tarnkappe« der medizinischen Indikation durchgeführt werden.[117]

3. Wertungswidersprüche?

Zu den Standardargumenten der Legalisierungsbefürworter gehörte der sogenannte »Wertungswiderspruch«. Sie behaupteten, der Gesetzgeber könne nicht den Schwangerschaftsabbruch nach PND mit positivem Befund erlauben und die PID verbieten. Er würde in diesem Fall den Embryo in vitro mehr schützen als den Embryo in utero und die Frauen von Hochrisikopaaren zwingen, eine Schwangerschaft auf Probe einzugehen.[118] Die Legalisierung der PID helfe deshalb, Abtreibungen und insbesondere Spätabtreibungen zu vermeiden.[119] Die These vom Wertungswiderspruch ging zum einen von der irrigen Voraussetzung aus, der § 218a Abs. 2 StGB erlaube eine Abtreibung auf Grund einer Behinderung des Kindes. Dies aber hatte der Gesetzgeber, wie oben dargelegt, bei der Reform des Abtreibungsstrafrechts 1995 gerade ausgeschlossen. Auf Grund des 1994 in Art. 3 Abs. 3 GG eingefügten Diskriminierungsverbots Behinderter hatte er die embryopathische Indikation wieder eliminiert. An Hinweisen auf diese Entscheidung des Bundestages fehlte es in der PID-Debatte

117 Plenarprotokoll 17/120, S. 14165 (Maria Flachsbarth); S. 13899 (Katrin Göring-Eckhardt); Plenarprotokoll 17/105, S. 11971 (Maria Flachsbarth).

118 Plenarprotokoll 17/105, S. 11945 (Ulrike Flach); S. 11961 (Ursula Heinen-Esser); S. 11965 (Christine Aschenberg-Dugnus); Plenarprotokoll 17/120, S. 13884 (erneut C. Aschenberg-Dugnus); S. 13888 (Katherina Reiche); S. 13895 (Michael Kretschmer); S. 13898 (ChristelHappach-Kasan); S. 13906 (Kerstin Griese).

119 Plenarprotokoll 17/105, S. 11968 (Helge Braun); S. 11963 (Krista Sager); Plenarprotokoll 17/120, S. 13900 (Karl Lauterbach); S. 13906 (Kerstin Griese).

nicht.[120] Schon in der Begründung ihres Gesetzentwurfes hatten die Gegner der PID darauf hingewiesen, dass die Zulassung der PID die »eugenische Selektion wieder zu einem Teil des ärztlichen Behandlungsauftrages machen würde«.[121] Zum anderen setzte die These vom Wertungswiderspruch die Gleichsetzung eines Schwangerschaftskonflikts mit den Sorgen eines Hochrisikopaares voraus. Dem wurde entgegengehalten, dass der Schwangerschaftskonflikt existentieller Natur und damit etwas anderes sei als die schwierige Lage eines Hochrisikopaares, das eine Schwangerschaft vermeiden könne. Dagegen wurde vor einem anderen Wertungswiderspruch gewarnt, der bei der Zulassung der PID entstehe: Während eine Abtreibung allein auf Grund einer genetischen Belastung verboten bleibt, soll nach der PID eine tödliche Selektion des Embryos auf Grund einer genetischen Belastung rechtmäßig sein.[122] Um diesen Wertungswiderspruch aufzulösen, müssten die Befürworter einer Legalisierung der PID die embryopathische Indikation wieder in den § 218a StGB einfügen statt sich dort der Tarnkappe der medizinischen Indikation zu bedienen.

Das Abtreibungsstrafrecht, das seit der Reform von 1995 eher zum Abtreibungsrecht mutiert ist, gilt als das große Tabu der politischen Debatte in Deutschland. In der PID-Debatte wurde es weder von den Gegnern noch von den Befürwortern einer PID in Frage gestellt. Auffällig war jedoch, dass sich die Legalisierungsbefürworter, wenn sie von Wertungswidersprüchen und der PID als einem Mittel zur Reduzierung von Abtreibungen sprachen, eines Tones und einer Begrifflichkeit bedienten, die sie üblicherweise vermeiden, wenn sie die Reform des § 218 StGB verteidigen. In den Abtreibungsdebatten pflegen sie die Abtreibung als eine folgenlose medizinische

120 Vgl. FN 84; darüber hinaus Plenarprotokoll 17/105, S. 11964 (Kathrin Vogler); S. 11971 (Maria Flachsbarth); Plenarprotokoll 17/120, S. 13889 (Volker Kauder), S. 13884 (Maria Michalk).
121 BT-Drucks. 17/5450, S. 9.
122 Plenarprotokoll 17/120, S. 13889 (Volker Kauder).

Dienstleistung darzustellen. Das Post-Abortion-Syndrom wird in der Regel verschwiegen, wenn nicht gar geleugnet. In der PID-Debatte aber war nun plötzlich – durchaus realistisch – vom »Drama« und vom »schweren Trauma« der Abtreibung und von posttraumatischen Belastungsstörungen nach einer Abtreibung die Rede, die durch eine Legalisierung der PID vermieden werden sollen.[123] Die Legalisierungsgegner wiesen demgegenüber darauf hin, dass die PID keineswegs geeignet sei, eine PND zu vermeiden, dass im Gegenteil jede Schwangerschaft nach einer PID als Risikoschwangerschaft gelte, die selbstverständlich einer PND unterzogen werde.[124] »Schon allein aus Gründen des Haftungsrechts bei den Ärzten wird nach der PID, wenn es zu einer Schwangerschaft gekommen ist, die PND als Kontrolldiagnose weiterhin stattfinden«.[125] Sie wiesen auch noch auf andere gravierende Probleme der Reproduktionsmedizin hin, die von deren Verteidigern tabuisiert werden und die »die künstliche Befruchtung generell infrage stellen«: die enorme psychische und physische Belastung der Frau aufgrund der Hormonstimulation und der keineswegs gefahrlosen Eientnahme[126] sowie das »signifikant höhere Fehlbildungsrisiko« von künstlich erzeugten gegenüber natürlich gezeugten Kindern.[127]

4. Sozialer Druck auf Behinderte?

Die Zulassung der PID verstärke, so hatten die Gegner der PID bereits in der Begründung ihres Gesetzentwurfes geschrieben, »Tendenzen, die den Menschen ganz und gar Leistungs- und Nützlichkeitsanforderungen unterwerfen«.

123 Plenarprotokoll 17/105, S. 11948 (Peter Hintze); S. 11961 (Ursula Heinen-Esser); S. 11957 (Gabriele Molitor); S. 11972 (Marlies Volkmer).
124 Plenarprotokoll 17/105, S. 11963 (Kathrin Vogler).
125 Plenarprotokoll 17/105, S. 11969 (Elke Ferner); vgl. auch S. 11950 f. (Priska Hinz); Plenarprotokoll 17/120, S. 13880 (Harald Terpe).
126 Plenarprotokoll 17/105, S. 11958 (Ilja Seifert).
127 Plenarprotokoll 17/105, S. 11969 (Elke Ferner).

Der der PID zugrundeliegende »medizinische Optimierungsgedanke« verletze und stigmatisiere Menschen, »die nicht den erwünschten Normen entsprechen«. Er erzeuge sozialen Druck nicht nur auf Behinderte, die mit Behinderungen oder Krankheiten leben, die dann als Indikation einer PID gelten, sondern auch auf Eltern, das medizinisch-technisch Machbare in Anspruch zu nehmen oder im Falle der Ablehnung einer PID sich gesellschaftlich rechtfertigen und eventuell Behandlungskosten selbst tragen zu müssen.[128] Auch in den beiden Debatten im Bundestag wiesen die Gegner der PID wiederholt auf den sozialen Druck hin, den die Zulassung der PID logischerweise auf Behinderte und auf Eltern mit genetischen Belastungen ausüben würde. »Frauen und Familien, die bereits ein Kind mit Behinderungen haben«, erklärte die Behindertenbeauftragte der SPD-Fraktion Silvia Schmidt, »werden oft mit einem großen gesellschaftlichen Druck konfrontiert. Sie müssen sich angesichts der technischen Möglichkeiten der PID und der PND die Frage gefallen lassen, warum sie ... sich für ein schweres, mühevolles Leben mit einem behinderten Kind entscheiden. Aussagen wie ›Das muss doch nicht sein‹ und ›Heute ist doch schon alles möglich‹ gehören bei diesen Familien zum Alltag.« Diese Frauen und Familien »haben Angst vor gesellschaftlicher Bewertung, Missachtung oder Ablehnung und nicht vor dem behinderten Kind. Sie fürchten, alleingelassen zu werden«.[129] Die Zulassung der PID werde in Deutschland eine »neue Realität« schaffen, in der die Frage

128 BT-Drucks. 17/5450, S. 10f.

129 Plenarprotokoll 17/ 120, S. 13890 (Silvia Schmidt); S. 13885 (Kathrin Vogler); S. 13877 (Dorothee Bär); S. 13889 (Katrin Göring-Eckhardt); S. 14164 (Ingrid Fischbach); S. 14167 (Erich Fritz); S. 14180 (Johannes Singhammer und Johanna Voß); Plenarprotokoll 17/105, S. 11950 (Birgitt Bender); S. 11960 (Julia Klöckner); S. 11962 (Katrin Göring-Eckhardt); S. 12121 (Johanna Voß); S. 12122 (Wolfgang Zöller).

»Haben Sie sich denn nicht genetisch beraten lassen?« zur Standardfrage werden wird.[130]

Fast alle Legalisierungsbefürworter ignorierten das Argument vom sozialen Druck, den die Zulassung der PID auf Behinderte und Hochrisikopaare ausübt. In den wenigen Reden, in denen das Argument doch aufschien, wurde entweder auf die anderen europäischen Länder verwiesen, in denen die PID erlaubt ist und keine Diskriminierung von Menschen mit Behinderungen festzustellten sei,[131] oder zu mehr Anstrengungen zur »Inklusion behinderter Menschen« aufgerufen und behauptet, Druck auf Frauen würde allein von der PND ausgeübt, deren Entwicklung deshalb auf die Tagesordnung des Bundestages gehöre.[132] Die Klage über die Not und die Verzweiflung von Hochrisikopaaren dominierte so sehr, dass in der »Ethik des Helfens« für die Wahrnehmung des gesellschaftlichen Drucks, den die Zulassung der PID erzeugen kann, so wenig Platz war wie für die verfassungsrechtlichen Einwände gegen die PID.

5. Anwendungsprobleme der PID

Neben den verfassungsrechtlichen Einwänden gegen die PID erhoben die Legalisierungsgegner eine Reihe von pragmatischen Einwänden, die die Durchführung der PID betreffen. An erster Stelle stand die Kritik an den Begriffen einer »schwerwiegenden Erbkrankheit« und einer »schwerwiegenden Schädigung des Embryos«, die nach dem Antrag Flach zu einer PID berechtigen sollen. Der Antrag lasse »offen, was schwerwiegende Erkrankungen sind«. Dieser unbestimmte Rechtsbegriff werde »von Ethikkommissionen und Gerichten gefüllt werden« und »eine schleichende Ausweitung der An-

130 Plenarprotokoll 17/120, S. 13904 (Andrea Nahles); S. 14159 (Maria Böhmer).
131 Plenarprotokoll 17/120, S. 13905 (Gabriele Molitor).
132 Plenarprotokoll 17/120, S. 13906 (Kerstin Griese).

wendungsbereiche der PID« zur Folge haben.[133] Selbst wenn der Antrag auf eine Liste mit PID-Indikationen verzichte, werde die PID-Praxis zwangsläufig zu einer solchen Liste führen, weil es »nicht zu tolerieren sein wird, dass in dem einen Bundesland eine Ethikkommission sagt: ›Du darfst leben', und in einem anderen Bundesland eine Ethikkommission sagt: Du darfst nicht leben, obwohl du die gleiche Diagnose, die gleiche Lebenserwartung hast. Wir werden Indikationslisten bekommen«, zumal auch die Bundesärztekammer beabsichtige, in einer Richtlinie zur Durchführung der PID Regelungen zum Indikationsspektrum zu treffen.[134] Darüber hinaus lege der Antrag »keinerlei Voraussetzungen« für die Suche nach einer »schwerwiegenden Schädigung des Embryos ..., die mit hoher Wahrscheinlichkeit zu einer Tot- oder Fehlgeburt« führen würde, fest. Damit wäre die PID »bei nahezu jeder künstlichen Befruchtung möglich«.[135] Begriffe wie »schwerwiegende Erkrankung« oder »hohe Wahrscheinlichkeit« seien offene Rechtsbegriffe und offene Rechtsbegriffe seien »die natürlichen Feinde klarer ethischer Grenzen«.[136]

Der Antrag sage schließlich nichts darüber aus, »welche Form der PID ... zugelassen werden soll: die bisher übliche Blastomerenbiopsie oder ... nur die Untersuchung von Blastozysten, also von nicht mehr voll entwicklungsfähigen Zellen«, die Peter Hintze in der Anhörung des Gesundheitsausschusses favorisierte, die aber bisher ein äußerst selten durchgeführtes und sich noch im Experimentierstadium befindendes Verfahren sei.[137] In der »Ethik des Helfens« ist bereits der Keim für eine Entgrenzung der PID angelegt. Wenn der Leitsatz die-

133 Plenarprotokoll 17/120, S. 13906 (Rudolf Henke)
134 Plenarprotokoll 17/105, S. 11965f. (Rudolf Henke); Plenarprotokoll 17/120, S. 13899 (Katrin Göring- Eckhardt).
135 Plenarprotokoll 17/120, S. 13907 (Rudolf Henke); S. 14183 (Peter Weiß und Matthias Zimmer); S. 13904 (Andrea Nahles); Plenarprotokoll 17/105, S. 11948 (René Röspel); S. 11971 (Maria Flachsbarth).
136 Plenarprotokoll 17/105, S. 12118 (Wolfgang Neskovic).
137 Plenarprotokoll 17/120, S. 13885 (Kathrin Vogler).

ser Ethik die Hilfe für Paare ist, die sich ein gesundes Kind wünschen, und wenn diese Ethik weder ethische noch verfassungsrechtliche Grenzen für diese Hilfe akzeptiert, dann gib es keinen Grund, die Auswahl des Embryos »auf bestimmte, definierte Krankheiten zu begrenzen«.[138] Auch für sogenannte spätmanifestierende Erkrankungen, also Erkrankungen, die erst Jahrzehnte nach der Geburt auftreten können, ermögliche der Gesetzentwurf die PID.[139] Schließlich sage er nichts zum Problem der sogenannten Nebenbefunde, also jenen Erkenntnissen bei einer PID, die nicht die gesuchte genetische Belastung, sondern andere Behinderungen betreffen. Sollen oder müssen sie dem Paar mitgeteilt werden?[140] Das von der »Ethik des Helfens« vertretene Informationsrecht der Hochrisikopaare wird dazu führen, dem Paar alle Befunde, auch die Nebenbefunde der Diagnostik, mitzuteilen.

Der Antrag verschweigt schließlich die von Reproduktionsmedizinern wie auch in verschiedenen Gutachten zur PID unterstrichene Tatsache, dass für die Durchführung der PID mehr als drei Embryonen notwendig sind.[141] Die Zulassung der PID müsse deshalb zu einer Novellierung von § 1 Abs. 1 des Embryonenschutzgesetzes führen, der die Erzeugung von höchstens drei Embryonen pro Zyklus zulässt. Für eine PID aber sind rund sieben Embryonen notwendig. In der Debatte wurde wiederholt auf diese Tatsache hingewiesen und als »nicht akzeptabel« kritisiert, »dass der Gesetzentwurf Flach/Hintze diese Problematik schlicht ignoriert«. Er könne deshalb

138 Plenarprotokoll 17/120, S. 13896 (Elisabeth Winkelmeier-Becker).
139 Plenarprotokoll 17/120, S. 13885 (Kathrin Vogler); S. 13889 (Katrin Göring-Eckhardt); S. 13907 (Priska Hinz).
140 Plenarprotokoll 17/120, S. 13899 (Katrin Göring-Eckhardt).
141 Vgl. die Stellungnahme des Deutschen Ethikrates vom 8.3.2011, Berlin 2011, S. 27 und die Ad-hoc- Stellungnahme der Deutschen Akademie der Naturforscher Leopoldina vom 18.1.2011, Berlin 2011, S. 16.

nur als »Mogelpackung« bezeichnet werden, der die Glaubwürdigkeit des Gesetzgebers gefährde.[142]

Keine Rolle spielten in der Debatte die für die Anwendung der PID zentralen Fragen, in wie vielen Zentren die PID praktiziert werden soll, wie die Ethikkommissionen zusammengesetzt sein sollen, von deren Votum die Durchführung einer PID abhängt, und nach welchen Maßstäben die Kommissionen entscheiden sollen. Im Antrag Flach waren diese Fragen in einem während der Beratungen neu gefassten § 3 a Abs. 3 der Bundesregierung zugewiesen worden, die sie durch eine Rechtsverordnung mit Zustimmung des Bundesrates regeln soll. In dieser Rechtsverordnung sollen die Anzahl und die Voraussetzungen für die Zulassung der Zentren, die Einrichtung, Zusammensetzung, Verfahrensweisen und Finanzierung der Ethikkommissionen, die Einrichtung der PID-Dokumentationsstelle und die Anforderungen für die Meldung der PID bestimmt werden.[143] Welche Probleme zu erwarten sind, wenn die Ethikkommissionen von den Ärztekammern nach deren üblichen Maßstäben mit einer starken Mehrheit von Medizinern besetzt werden, hat Oliver Tolmein gezeigt: In diesen Kommissionen seien normative Wertungsfragen mindestens ebenso wichtig wie medizinische Fragen. Deshalb sei es nicht wünschenswert, »dass die Mediziner die Mehrheit der Kommission und deren Vorsitz stellen«. Auch Menschen, die als Betroffene selbst Erfahrungen mit Behinderungen haben, müssten in dieser Diskussion präsent sein.[144] Noch gravierender aber ist das Problem, dass der Bundestag die konkrete Entscheidung, unter welchen Umständen nun eine PID erlaubt sein soll, an die »Ethikkommissionen« abschiebt. Dies widerspricht dem Gesetzesvorbehalt einer rechtsstaat-

142 Plenarprotokoll 17/120, S. 14166 (Maria Flachsbarth). Flachsbarth zitiert hier eine Äußerung von Bischof Wolfgang Huber aus der Anhörung des Gesundheitsausschusses.

143 BT-Drucks. 17/6400, S, 10.

144 Oliver Tolmein, Wer will jetzt entscheiden, was eine schwerwiegende Behinderung ist?, in: FAZ vom 13.7.2011.

lichen Verwaltung und einer langjährigen Rechtsprechung des Bundesverfassungsgerichts, nach der alle für den Grundrechtsschutz wesentlichen Entscheidungen vom Gesetzgeber selbst zu treffen sind.

D. Folgen der Legalisierung

Die Debatte ist abgeschlossen, die Entscheidung gefallen. Die PID soll »verboten« bleiben, aber in Ausnahmefällen erlaubt sein. Die Ausnahmefälle, die der neue § 3 a des Embryonenschutzgesetzes erlaubt, sind jedoch so unscharf, dass vom Verbot in der Praxis nicht mehr viel übrig bleiben wird. Die »Ethik des Helfens« hat wie schon bei den Abtreibungsentscheidungen die Bastionen des Lebensschutzes im Grundgesetz ein weiteres Mal geschliffen. Mit einer Klage gegen die Legalisierung der PID vor dem Bundesverfassungsgericht ist nicht zu rechnen. Selbst jene Abgeordneten, die überzeugt sind, dass die Legalisierung der PID gegen die Menschenwürdegarantie, das Lebensrecht und das Diskriminierungsverbot Behinderter in der ersten drei Artikeln des Grundgesetzes verstößt, halten ein Normenkontrollverfahren angesichts der »Zusammensetzung« des Gerichts bzw. des zuständigen Senats für aussichtslos. Die Rechtsfragen werden dem politischen Kalkül geopfert.

Die Abgeordneten haben, soweit sie an bioethischen Fragen überhaupt interessiert sind, von der Entstehung der ersten Gesetzentwürfe Ende 2010 bis zur Entscheidung am 7. Juli 2011 ein halbes Jahr für oder gegen die Legalisierung der PID gekämpft. Nun machen sie einen erschöpften Eindruck. Die Folgen der Entscheidung werden vermutlich jenen gleichen, die nach der letzten Reform des § 218 StGB 1995 zu beobachten waren. Das Abtreibungsstrafrecht wurde vier Mal mit dem Ziel reformiert, das ungeborene Leben besser zu schützen und die Zahl der Abtreibungen zu reduzieren.[145] Obwohl

145 Vgl. Manfred Spieker, Kirche und Abtreibung in Deutschland, a.a.O., S. 61ff.

die Entwicklung nach jeder Reform zeigte, dass das Gegenteil eingetreten war, dass das ungeborene Leben nicht besser geschützt wurde als zuvor und dass die Abtreibungshäufigkeit in Bezug auf die Frauen im gebärfähigen Alter und im Hinblick auf die Zahl der Geburten nicht zurückging, und obwohl das Bundesverfassungsgericht in seinem Urteil vom 28. Mai 1993 den Gesetzgeber zu einer Überprüfung der Auswirkungen seines Paradigmenwechsels im Abtreibungsstrafrecht auf den Lebensschutz und gegebenenfalls zur Korrektur seiner Entscheidung verpflichtete,[146] will die Politik einstweilen von einer erneuten Debatte über die Probleme des Lebensschutzes nichts wissen. Die Reform des § 218 StGB von 1995 gilt als Kompromiss, der nicht in Frage gestellt werden soll. So wird vermutlich auch der Entscheidung über die PID in der Politik das große Schweigen folgen. Obwohl zahlreiche Anwendungsprobleme zu regeln sind und obwohl der neue § 3 a mit § 1 Abs. 1 des Embryonenschutzgesetzes wegen der für die PID benötigten Zahl an Embryonen nicht in Einklang zu bringen ist, steht zu erwarten, dass die Abgeordneten den Schutz des Embryos nicht länger zu ihrem Anliegen machen. Die Regelung der Anwendungsprobleme haben sie nach Art. 80 GG trotz der langjährigen Rechtsprechung des Bundesverfassungsgerichts in Sachen Gesetzesvorbehalt bei Entscheidungen, die Grundrechte berühren, der Bundesregierung übertragen. Weder die Bundesregierung noch der Bundesrat werden die Debatte weiterführen. Der Bundesrat hat am 23. September 2011 auf die Einberufung des Vermittlungsausschusses verzichtet. Die Lebensrechtsbewegung steht damit vor neuen Herausforderungen. Sie hat zu beobachten und vernehmlich zu verkünden, welche neuen Gefahren dem Embryo und damit auch dem Grundgesetz und dem demokratischen Rechtsstaat drohen. Auch die katholische Kirche steht vor neuen Herausforderungen. Es genügt nicht zu beschließen, in den Ethikkommissio-

146 BVerfGE 88, 309.

nen zur Genehmigung einer PID nicht mitwirken zu wollen. Sie muss die Revision des Gesetzes fordern.

Mit der Entscheidung vom 7. Juli 2011 öffnet der Bundestag das Tor zu einer eugenischen Gesellschaft. Dass er damit einer Spaltung der Gesellschaft in Gezeugte und Gemachte, in Produzenten und Produzierte den Weg bahnt und die für einen demokratischen Rechtsstaat zentrale Gleichheit der Menschen im naturwüchsigen Ursprung gefährdet, diese von der katholischen Kirche wie von Jürgen Habermas geäußerte Kritik an der PID[147] wurde in der PID-Debatte des Bundestages nur von einem Abgeordneten aufgegriffen. Mit der Legalisierung der PID ermögliche der Bundestag »das endgültige und nicht mehr reversible Eindringen technischer Rationalität in das Geschenk der Schöpfung«.[148] Dies ist ein bedeutender Schritt über die Legalisierung der Abtreibung hinaus. Mit der Legalisierung der Abtreibung hat der Bundestag schon 1974 und seitdem in jeder weiteren Reform des § 218 StGB gegen das Grundrecht auf Leben verstoßen. Mit der Legalisierung der PID aber verstößt er nicht nur gegen das Grundrecht auf Leben, sondern er öffnet den Weg für ein genetisches Social Engineering. Er kapituliert vor den prometheischen Ansprüchen der Reproduktionsmedizin.

147 Vgl. oben S. 31.
148 Plenarprotokoll 17/120, S. 14184 (Matthias Zimmer).

Christian Hillgruber

Präimplantationsdiagnostik – verfassungsrechtlich verboten, gesetzlich erlaubt?

Verfassungsrechtliche und verfassungsprozessrechtliche Überlegungen

A. Die verfassungsrechtliche Lage

I. Der Ausgangspunkt aller juristischen Überlegungen: der verfassungsrechtliche Status des Embryo in vitro

In der Debatte um die PID geht es um Grundsätzliches, um unser Bild vom Menschen, das paradoxerweise naturwissenschaftlich immer schärfer wird, ethisch und rechtlich dagegen zu verschwimmen droht. Sieht so wie ein wenige Tage alter Embryo, ein unförmiger Zellhaufen, etwa ein Mensch aus, lautet eine vielgestellte, suggestive Frage. Lassen wir uns weder sprachlich noch optisch irreführen. Ja, so, genau so sieht er ganz zu Anfang aus, der Mensch, so hat jeder von uns einmal ausgesehen. Wir wissen es doch längst, und dieses Wissen muss auch in unsere Ethik und unser Recht einfliessen.

Ausgangspunkt aller rechtlichen Überlegungen kann nur die Feststellung des verfassungsrechtlichen Status des Embryos in vitro sein, nicht etwa die gegenwärtige Regelung der §§ 218 ff. StGB zum Schwangerschaftsabbruch. Aus der Verfassung als höchstrangigem rechtlichem Maßstab ergeben sich zwingende Folgerungen für die Ausgestaltung des einfachen Rechts im Hinblick auf den Schutz des Embryos in vitro wie in vivo und nicht etwa umgekehrt. Im Verfassungsstaat muss die Gesetzgebung der Verfassung gemäß, nicht die Verfassung gesetzmäßig sein. Die Gesetze – das Stammzellgesetz, das Embryonenschutzgesetz, das Strafgesetzbuch, das Gendiagnostikgesetz – müssen sämtlich den verfassungsrechtlichen Vorgaben entsprechen; sie sollten darüber hinaus nach Möglichkeit auch noch ein in sich stimmiges Regelungssystem bilden. Aber die Forderung, Wertungswidersprüche zu vermeiden, d.h. der Rationalitätsanspruch, den wir an das Recht stellen, ist gegenüber der primär geschuldeten Verfassungsmäßigkeit sekundär.

Deshalb ist es verfehlt, wenn nicht wenige bei Betrachtung der Rechtslage die vorgreifliche Verfassungslage ausblenden und stattdessen die – zudem noch höchst fragwürdig interpretierte – gegenwärtig geltende, gesetzliche Regelung des Schwangerschaftsabbruchs zum archimedischen Punkt in der Debatte um die Zulassung oder ein Verbot der PID machen wollen, wie dies etwa die Schriftstellerin *Eva Menasse* tut. Sie meint, es gehe »schlicht und einfach darum, sich innerhalb der bereits bestehenden Gesetzeslage verhältnismäßig und rational zu verhalten. Um etwas Sinnvolles zum Thema PID sagen und entscheiden zu können, muss man nämlich das ganze Bild in Augenschein nehmen, alles, was in diesem heiklen Bereich erlaubt und was verboten ist, von der Zeugung bis zur Geburt«. Und sie beschreibt dann, wie ihres Erachtens »die Verhältnisse« sind: »Jede Frau in Deutschland kann jedes gesunde Kind, das sie nicht haben möchte, bis zur zwölften Schwangerschaftswoche abtreiben lassen«. Und das Können wird ihr sogleich zum Dürfen, das nicht hinterfragt werden darf: »Das ist ein Recht, das die Frauenbewegung [...] erkämpft hat [...] und das nicht zurückgenommen werden kann und darf«.[1] Wenn es aber doch ein »Recht auf Schwangerschaftsabbruch« gibt, warum dann kein »Recht auf Embryoauswahl« nach Maßgabe der Befunde einer Präimplantationsdiagnostik zur Vermeidung späterer (»erlaubter«) Schwangerschaftsabbrüche?

1 Zellhaufen mit Potential. Ein Verbot der Präimplantationsdiagnostik ist nicht christlich, sondern falsch, in: Der Spiegel, 2010, Nr.44, S. 140–142, 140.

Das will *Eva Menasse* wie vielen anderen nicht einleuchten. »[A]ngesichts von 100.000 ganz normalen deutschen Abtreibungen pro Jahr ist jeglicher ›Embryonenschutz‹ in der ersten Woche nach der künstlichen Befruchtung eine vollkommen irrationale, menschenverachtende Groteske.«[2]

Doch was ist in diesem Zusammenhang schon »normal«, was »menschenverachtend«?

II. Der Embryo in vitro – würdebegabter Mensch mit eigenem Lebensrecht

Ehe das sog. einfache Recht und dessen wirkliche oder auch nur vermeintliche Wertungswidersprüche in dieser Frage in den Blick genommen werden, muss zunächst der verfassungsrechtliche Status des Embryos in vitro geklärt werden.

Ist der menschliche Embryo *etwas*, was man nach Feststellung fehlerhafter Beschaffenheit wegwerfen, aussondern und »verwerfen« darf oder *jemand*, der Achtung verdient, ein Mensch, dessen Würde unantastbar ist und dem deshalb Grundrechtsschutz, insbesondere der Schutz des Rechts auf Leben und körperliche Unversehrtheit, zukommt? Ist der Embryo verfügbare Sache oder unveräußerliche Person, Objekt oder Subjekt? Das ist die, wenn nicht alles, so doch vorentscheidende Frage.

Verfassungsrechtlich gesprochen: Ist der Embryo ein »Mensch« im Sinne des Art. 1 Abs. 1 GG und damit Träger unantastbarer Würde und umfasst das »Jeder« des Art. 2 Abs. 2 S. 1 GG auch den Embryo, so dass diesem ein eigenes Recht auf Leben und körperliche Unversehrtheit zukommt? Der Wortlaut der beiden Grundgesetzbestimmungen ist für eine solche Deutung offen, die genannten Vorschriften könnten sich aber auch nur auf bereits geborene Menschen beziehen.

In seiner ersten Abtreibungsentscheidung von 1975 hat das BVerfG noch etwas vage davon gesprochen, dass der nasci-

2 Ebd., S. 141.

turus »ein selbständiges menschliches Wesen« sei, das »unter dem Schutz der Verfassung« stehe.[3] Die zweite Abtreibungsentscheidung von 1993[4] lässt dann aber keinen Zweifel mehr daran, dass der nasciturus nach Auffassung des Gerichts ein Recht auf Leben gemäß Art. 2 Abs. 2 Satz 1 GG und gemäß Art. 1 Abs. 1 GG Anspruch auf Achtung der Würde hat, die jedem menschlichen Leben zukommt, »nicht erst dem menschlichen Leben nach der Geburt oder bei ausgebildeter Personalität«[5]. Diese Qualifikation des nasciturus als nach der grundgesetzlichen Ordnung mit Würde begabtem und mit eigenem, unabgeleitetem Lebensrecht ausgestattetem Menschen hat der Senat, wie Frau *Graßhof*, die es wissen muss, weil sie als Richterin an dem Urteil mitgewirkt hat, versichert hat, »einstimmig« getroffen.[6] Alle immer wieder unternommenen Versuche, dem Urteil eine andere Meinung des Gerichts entnehmen oder unterschieben zu wollen, sind zum Scheitern verurteilt.

Noch nicht entschieden ist damit allerdings die Frage nach dem Status des Embryo in vitro. »Handlungen, deren Wirkung vor Abschluß der Einnistung des befruchteten Eies in der Gebärmutter eintritt, gelten nicht als Schwangerschaftsabbruch im Sinne dieses Gesetzes.« – diese Vorschrift hat das Bundesverfassungsgericht in einem obiter dictum der zweiten Abtreibungsentscheidung für »verfassungsrechtlich unbedenklich« erklärt[7]. Die Aussage bezieht sich allerdings »nur darauf, dass der Staat im Stadium zwischen Verschmelzung und Nidation nicht zum Schutz durch Strafe verpflichtet ist.«[8] Sie berührt nicht den verfassungsrechtlichen Status des Embryos in vivo.

3 BVerfGE 39, 1 (42).

4 BVerfGE 88, 203 ff.; dazu nur *C. Hillgruber*, Zeitschrift für Lebensrecht, 12. Jg. (2003), S. 38 ff.

5 BVerfGE 88, 203 (251).

6 *Karin Graßhof*, in: Archives of Gynecology an Obstetrics, vol. 257 (1995), Nr. 1–4, S. 372.

7 § 218 Abs. 1 S. 2 StGB, BVerfGE 88, 203 (251).

8 *Karin Graßhof*, a.a.O., S. 372.

Der Zweite Senat hat in seiner zweiten Abtreibungsentscheidung 1993 die in diesem Verfahren nicht entscheidungserhebliche Frage, ob der Mensch bereits mit der Verschmelzung von Ei und Samenzelle entsteht, ausdrücklich offen gelassen.[9] Das heißt jedoch nicht, dass dieser Entscheidung und auch der übrigen Rechtsprechung des BVerfG zur Menschenwürdegarantie nicht Maßstäbe für die Zu- oder Aberkennung von Menschenwürde des Embryo in vitro entnommen werden könnten. In der Entscheidung von 1993 hat das BVerfG nicht nur § 10 I 1 des Allgemeinen Landrechts (ALR) für die Preußischen Staaten von 1794, wonach die allgemeinen Rechte der Menschheit auch den noch ungeborenen Kindern schon von der Zeit ihrer Empfängnis an gebühren, (offensichtlich zustimmend) zitiert, sondern darüber hinaus die Bejahung der Frage als durch Erkenntnisse der medizinischen Anthropologie »nahegelegt« angesehen. Zur Begründung der Menschenwürde des Ungeborenen jedenfalls ab Nidation hat der Senat maßgeblich darauf abgestellt, dass es sich bei dem Ungeborenen um individuelles, *in seiner genetischen Identität* und damit in seiner Einmaligkeit und Unverwechselbarkeit *bereits festgelegtes*, nicht mehr teilbares Leben handelt, das im Prozeß des Wachsens und Sich-Entfaltens sich nicht erst zum Menschen, sondern als Mensch entwickelt.[10] Für diesen Qualitätssprung aber ist die Kernverschmelzung, nicht die Nidation das entscheidende Datum: Die weitere Entwicklung des Embryos ist seit seiner Entstehung durch Kernverschmelzung in ihm selbst als fertiges Programm angelegt, das nur noch gestartet werden muss. Daher erscheint der Embryo genau von diesem Zeitpunkt an als Träger der jedem Menschen immanenten Würde und eines eigenen Lebensrechts.

Dafür spricht auch und vor allem das Würdeverständnis des BVerfG. »Diese Würde des Menschseins liegt auch für das ungeborene Leben im Dasein um seiner selbst willen.«[11] Sie

9 BVerfGE 88, 203 (251).
10 BVerfGE 88, 203 (251 f. – Hervorhebung vom Verf.).
11 BVerfGE 88, 203 (252).

hat daher keine andere Voraussetzung als die Zugehörigkeit zur Spezies homo sapiens sapiens. »Menschenwürde in diesem Sinne ist [...] die Würde des Menschen als Gattungswesen. Jeder besitzt sie, ohne Rücksicht auf seine Eigenschaften, seine Leistungen und seinen sozialen Status. Sie ist auch dem eigen, der aufgrund seines körperlichen oder geistigen Zustands nicht sinnhaft handeln kann.«[12] Und deshalb sagt das BVerfG ganz konsequent: »Wo menschliches Leben existiert, kommt ihm Menschenwürde zu.«[13] Das gilt dann auch für den Embryo in vitro. Und weil der Würdeanspruch und das Lebensrecht »unabhängig auch von der voraussichtlichen Dauer des individuellen menschlichen Lebens«[14] bestehen, gilt diese Zusage auch für den Menschen, der voraussichtlich über ein frühes Entwicklungsstadium nicht hinauskommen, der nicht das Licht der Welt erblicken wird, weil es zu einer Fehl- oder Todgeburt kommt oder dem nur ein kurzes nachgeburtliches Leben beschieden ist. Jedes menschliche Leben ist also von Verfassungs wegen ohne Rücksicht auf seine Lebensfähigkeit und Lebenstüchtigkeit »als solches gleich wertvoll«[15], und es darf, es soll solange leben, wie es kann.

III. Die Elternverantwortung von Eizellenspenderin und Samenspender

Die Zuerkennung eines Würdeanspruchs und Lebensrechts des Embryos, d.h. sein Status als Rechtsperson, aber hat weitreichende Konsequenzen. Die Würde des Embryos als Menschen zu achten und schützen, verlangt vom Staat, Anforderungen für das Verhalten anderer Menschen gegenüber dem Embryo aufzustellen, indem er durch Gesetz Gebote und Verbote ausspricht, Handlungs- und Unterlassungspflichten festlegt. Dies gilt auch für den Schutz gegenüber seinen Eltern,

12 BVerfGE 87, 209 (228); 96, 375 (399).
13 BVerfGE 39, 1 (41); 88, 203 (252).
14 BVerfGE 115, 118 (152).
15 BVerfGE 39, 1 (59); 115, 118 (139).

die treuhänderische Verantwortung für ihn tragen, aber keine Verfügungsgewalt über ihn besitzen. »Solche Verhaltensgebote können sich nicht darauf beschränken, Anforderungen an die Freiwilligkeit zu sein, sondern sind als Rechtsgebote auszugestalten. Sie müssen, gemäß der Eigenart des Rechts als einer auf tatsächliche Geltung abzielenden und verwiesenen normativen Ordnung, verbindlich und mit Rechtsfolgen versehen sein.«[16]

Eine rechtlich ungebundene, freie Entscheidung der Mutter als Eizellenspenderin darüber, ob und gegebenenfalls welche künstlich erzeugten Embryonen sie sich in die Gebärmutter transferieren lässt, also über Leben oder Sterben des Embryos, kann es bei Anerkennung von dessen eigenem Würdeanspruch und Lebensrecht schlechterdings nicht geben. Hier ist kein Platz für Gewissensentscheidungen. Durch ihre Einwilligung in die Behandlungsmethode der In-Vitro-Fertilisation mit anschließendem Embryotransfer und die daraufhin mit ihrem Wissen und Wollen erfolgte künstliche Befruchtung haben die Eizellenspenderin und der Samenspender bereits die Elternverantwortung im Sinne von Art. 6 Abs. 2 GG übernommen, der sie sich nicht nachträglich wieder willkürlich entziehen dürfen. Elternschaft kann man nicht wie Erbschaft beliebig annehmen oder ausschlagen. Diese als Einstandspflicht aus vorangegangenem Tun zu begründende Elternverantwortung konkretisiert sich bei der eizellenspendenden, genetischen Mutter in einer grundsätzlichen – allenfalls in eng umrissenen Ausnahmelagen wegen absoluter Unzumutbarkeit aufgehobenen – Pflicht, sich den so erzeugten Embryo übertragen zu lassen, um das Kind zu gebären und ihm das Leben zu schenken. Diese Pflicht stellt die – unter den Bedingungen der In-Vitro-Fertilisation mit anschließendem Embryotransfer – notwendige, flankierende Ergänzung des grundsätzlichen Verbots des Schwangerschaftsabbruchs und der grundsätzlichen Rechtspflicht zum Austragen des Kindes dar, mit denen der

16 BVerfGE 88, 203 (253).

Staat die ihm obliegende Pflicht zum (rechtlichen) Schutz jedes einzelnen, ungeborenen menschlichen Lebens auch gegenüber der Mutter erfüllt. Das in seiner Menschenwürde wurzelnde Lebensrecht des Embryos darf von Verfassungs wegen nicht, auch nicht im Intervall zwischen künstlicher Erzeugung und Implantierung, der freien, rechtlich nicht gebundenen Entscheidung eines Dritten, und sei es selbst der Mutter, überantwortet werden. Man kann nicht einer an einem existentiellen Konflikt beteiligten Person die Konfliktlösung, d.h. die Entscheidung über Leben oder Tod einer anderen Person überlassen, zumal wenn diese andere Person ihre Rechte nicht selbst geltend zu machen vermag. Niemand darf in eigener Sache über Recht oder Unrecht befinden, das er anderen antut.[17] Hier gibt es keine Gewissensfreiheit. »Dieses Lebensrecht, das nicht erst durch die Annahme seitens der Mutter begründet wird, sondern dem Ungeborenen schon aufgrund seiner Existenz zusteht, ist das elementare und unveräußerliche Recht, das von der Würde des Menschen ausgeht; es gilt unabhängig von bestimmten religiösen oder philosophischen Überzeugungen, über die der Rechtsordnung eines religiös-weltanschaulich neutralen Staates kein Urteil zusteht.«[18]

Die aus der Elternverantwortung folgende Verpflichtung der Mutter, den Embryotransfer durchführen zu lassen, ist aber, wie viele andere familienrechtliche Verpflichtungen auch, nicht erzwingbar. Gegen den Willen der Frau darf der in der Übertragung des Embryos liegende Eingriff in ihre körperlichen Unversehrtheit (Art. 2 Abs. 2 S. 2 GG) keinesfalls erfolgen; das verbietet auch die Achtung ihrer eigenen Menschenwürde. Die Nichterzwingbarkeit hebt aber nicht die Rechtspflicht auf. Das ist rechtlich bedeutsam. Denn weil eine Embryoauswahl zwar faktisch vorgenommen werden kann, aber nicht darf, weil der Embryotransfer abgelehnt werden kann, aber nicht darf, darf der Staat durch ein Verbot der PID den Eltern auch

17 Vgl. BVerfGE 88, 203 (274 ff.).
18 BVerfGE 88, 203 (252).

den Zugang zu durch Untersuchung einer Zelle (Blastomere) erlangbaren Informationen über genetisch bedingte Krankheiten ihres Kindes vorenthalten, die nicht therapeutisch genutzt, sondern einzig dem Zweck dienen können, einen entsprechend belasteten Embryo abzulehnen und zu »verwerfen«.[19] Die PID wird nur zum Zweck der »Aussortierung« unerwünschter Embryonen durchgeführt, deren Erzeugung unter dem ihr Existenzrecht in Frage stellenden Vorbehalt einer »Qualitätskontrolle« steht. Die zugrunde gelegten Untersuchungskriterien sind dabei für die Feststellung der dadurch bewirkten Menschenwürdeverletzung (Art. 1 Abs. 1 GG) irrelevant; denn ausnahmslos jeder Mensch hat Würde, ganz ohne Rücksicht auf die Beschaffenheit seiner Gene. Auch wenn die PID zur Vermeidung schwerer Erbkrankheiten eingesetzt wird, wird dem geschädigten Embryo allein aufgrund seines Gendefekts die Existenzberechtigung abgesprochen. Wird ein Mensch aber nur als solcher anerkannt, wenn er bestimmte Voraussetzungen erfüllt, so wird er nicht vorbehaltlos als Subjekt geachtet. Die darin liegende Verletzung des aus der Menschenwürde resultierenden Achtungsanspruchs löst die unbedingte staatliche Schutzpflicht aus Art. 1 Abs. 1 S. 2 GG aus, die nur durch ein Verbot der PID erfüllt werden kann.

19 Die ad-hoc-Stellungnahme der Nationalen Akademie der Wissenschaften, der Deutschen Akademie für Technikwissenschaften und der Berlin-Brandenburgischen Wissenschaften »Präimplantationsdiagnostik (PID) – Auswirkungen einer begrenzten Zulassung in Deutschland«, Januar 2011, S. 2 verschleiert diesen Tatbestand mit der Formulierung: »Die Präimplantationsdiagnostik (PID) ist ein Diagnose-Verfahren, das Eltern, die ein hohes Risiko für die Geburt eines Kindes mit einer schweren erblichen Krankheit haben, die Geburt eines Kindes ermöglicht, das von der betreffenden Krankheit nicht betroffen ist.« Die PID ermöglicht aber genau genommen nicht die Geburt eines gesunden Kindes, sondern die Embryoauswahl nach genetischer Vorbelastung, d.h. Selektion.

IV. Strafbewehrung des Verbots der PID?

Ob dieses Verbot auch strafbewehrt sein muss, darüber mag man streiten. *Paul Kirchhof* hat mit Recht gefordert, »für neue Anfragen an das Recht zunächst zu entscheiden, was erlaubt und was verboten ist. Erst wenn dies geklärt ist, stellt sich die weitere Frage, ob ein Verbot mit einer Strafe verbunden werden soll. Im Streit um die Präimplantationsdiagnostik wäre viel gewonnen, wenn die Rechtsgemeinschaft zunächst klärt, welche Maßstäbe für eine solche Diagnostik gelten. Erst danach stellt sich die Frage der Strafbarkeit.«[20] Aber die verfassungsrechtlichen Maßstäbe sind klar, und sie fordern ein Verbot. Kann zur Sicherung von dessen Beachtung auf das Mittel des Strafrechts verzichtet werden? Das Schutzkonzept der Beratungslösung beim Schwangerschaftskonflikt hat auf Entkriminalisierung gesetzt; es ist damit, wie *Kirchhof* mit Recht bemerkt, »bisher nicht sonderlich erfolgreich« gewesen. »Die in diesem Konzept angelegte Mäßigung der Strafbarkeit wurde als Erlaubnis fehlinterpretiert, obwohl das Urteil die Rechtswidrigkeit, das Verbotensein des Schwangerschaftsabbruchs nachdrücklich hervorhebt.« Das darf sich bei der PID nicht wiederholen; wenn die Formel, rechtwidrig, aber straflos, als augenzwinkernde Freigabe aufgefasst wird, die das Rechtsbewußtsein untergräbt, muss das Verbot strafrechtlich bewehrt sein, um ernst genommen zu werden.

Ich bin mir wohl bewusst, dass es auch sehr tragische Fälle gibt, und der Entscheidung des Bundesgerichtshofs vom Juli letzten Jahres lagen jedenfalls teilweise solche Fälle zugrunde; Fälle, in denen es schon zu Fehlgeburten oder zur Geburt schwerstbehinderter Kinder gekommen war, deren Pflege sich die Eltern aufopferungsvoll widmeten. Es ist daher menschlich verständlich, dass sie unter diesen Umständen glaubten, eine weitere Fehlgeburt nicht ertragen oder mit noch einem

20 Präimplantationsdiagnostik oder Was sollen wir wissen?, FAZ v. 17.1.2011, S. 27.

schwerstbehindertes Kind endgültig überfordert zu sein und deshalb bei einer Methode Zuflucht gesucht haben, die dieses Risiko ausschließen sollte. In diesen Fällen erschiene eine strafrechtliche Sanktion ihres Verhaltens unangemessen hart. In der Inanspruchnahme der PID drückt sich unter diesen Umständen keine allgemeine Geringschätzung des Wertes ungeborenen menschlichen Lebens aus, sondern pure Verzweiflung. Das rechtfertigt es, angesichts relativ geringer Schuld – bei den Eltern, nicht dem Arzt – von Strafe abzusehen. Ist ihre Entscheidung auch objektiv nach den verfassungsrechtlichen Wertvorstellungen zu missbilligen, so ist sie doch subjektiv nicht in dem Maße vorwerfbar, dass es angezeigt wäre, strafrechtlich vorzugehen.[21] Aber es muss aus den genannten verfasssungsrechtlichen Gründen auch in diesen tragischen Fällen am Verbot der PID als solchem festgehalten werden.

V. »Keine Gleichheit im Unrecht« – Wertungswidersprüche verfassungsgemäß auflösen

Alle Eltern wünschen sich ein gesundes Kind. Aber Wünsche und Interessen sind keine Rechte, und müssen daher hinter Rechten, hier des Embryos in vitro zurückstehen. Es gibt kein Recht auf ein Kind, geschweige denn ein gesundes Kind. Wer das Risiko, ein erblich schwer krankes Kind zu bekommen, nicht auf sich nehmen will, darf Kinder nicht (er)zeugen, sondern muss sich auf den Weg der Adoption verweisen lassen. Eine Zeugung auf Probe ist unzulässig.

Aber besteht in Deutschland nicht die »rechtmäßige Alternative einer ›Schwangerschaft auf Probe‹ mit späterer genetischer Diagnostik und einem nachfolgenden Schwangerschaftsabbruch«, der »für Eltern physisch, psychisch und vor allem auch ethisch deutlich problematischer als eine PID« ist?[22]

21 BVerfGE 32, 98 (109) – Gesundbeter.

22 Ad-hoc-Stellungnahme der Nationalen Akademie der Wissenschaften in Zusammenarbeit mit der Deutschen Akademie für Technikwissenschaften und der Berlin-Brandenburgischen

Nein, eine rechtmäßige Alternative dieser Art besteht nicht. Die beratenen, nicht indizierten Schwangerschaftsabbrüche sind zwar straflos, aber nicht rechtmäßig, und auch die medizinische Indikation nach § 218a Abs. 2 StGB rechtfertigt keinen Schwangerschaftsabbruch, weil die postnatale Existenz eines schwer erbkranken Kindes eine unzumutbare Gefahr für das seelische Wohlbefinden der Schwangeren wäre. Das käme einer Wiedereinführung der abgeschafften embryopathischen Indikation durch die Hintertür gleich, die mit dem gleichen Würdeanspruch und Lebensrecht behinderter Menschen unvereinbar ist.[23] Vielmehr kommt eine Rechtfertigung nach § 218a Abs. 2 StGB nur in Betracht, wenn das Leben oder die Gesundheit der Schwangeren bei Fortsetzung der Schwangerschaft ernsthaft bedroht wäre und diese Lebens- oder Gesundheitsgefahr sich nicht anders abwenden lässt. Ist aber nicht die Schwangerschaft selbst bedrohlich, sondern wird allein die Aussicht auf ein Leben mit einem behinderten Kind als unzumutbar empfunden, dann geht es gar nicht um die Bewältigung eines spezifischen Schwangerschaftskonflikts, sondern um die vorsorgliche Abwendung einer Belastung, die für die Eltern nach der Geburt durch die (lebenslange) Verantwortung für dieses Kind entsteht. Die Vermeidung der darin liegenden Belastung

Akademie der Wissenschaften (für die Union der deutschen Akademien der Wissenschaften) »Präimplantationsdiagnostik (PID) – Auswirkungen einer begrenzten Zulassung in Deutschland«, Januar 2011, S. 24.

23 Die knappe, begründungslose Bejahung der Verfassungsmäßigkeit der embryopathischen Indikation – »ihre hinreichend genaue Umgrenzung vorausgesetzt« – als Ausnahme von der Pflicht zum Austragen des Kindes durch das BVerfG im zweiten Fristenlösungsurteil (BVerfGE 88, 203, 257) ist mit der zuvor erfolgten Zuerkennung der Menschenwürde und der Anerkennung des eigenständigen Lebensrechts des nasciturus schwerlich vereinbar. Sie dürfte zudem durch die nach dem Urteil erfolgte Aufnahme des ausdrücklichen Verbots der Benachteiligung Behinderter (Art. 3 Abs. 3 S. 2 GG) überholt sein, durch die der verfassungsändernde Gesetzgeber die Garantie gleicher Menschenwürde in authentischer Interpretation konkretisiert hat.

liegt indes außerhalb des Schutzzwecks des § 218a Abs. 2 StGB, und sie kann unter der Geltung des Grundgesetzes, das jedem Menschen die gleiche Würde und das gleiche Lebensrecht zuspricht, schlechterdings kein legitimer Schutzzweck sein: Kein Mensch ist allein aufgrund seiner Existenz, mag sie noch so defizitär sein, für einen anderen Menschen unzumutbar.[24] Wenn § 218a Abs. 2 StGB gegenwärtig in der Praxis anders interpretiert und gehandhabt wird, dann muss *dies* korrigiert, nicht die PID zugelassen werden; denn Wertungswidersprüche dürfen nur verfassungsgemäß aufgelöst werden. Es gibt keine »Gleichheit im Unrecht«, keinen Anspruch auf Fehlerwiederholung. Soweit das Recht des Schwangerschaftsabbruchs, mehr noch seine praktische, laxe Anwendung, als in Wertungswiderspruch zu einem strengen PID-Verbot gesehen wird, ist daher auf Änderung des ersteren zu drängen, das nicht dem verfassungsrechtlichen Anspruch genügt, jedes einzelne menschliche Leben wirksam zu schützen.

Die nach § 7 i.V.m. § 15 Gendiagnostikgesetz prinzipiell zulässige PND ist nicht weniger fragwürdig als die PID. Genetische Untersuchungen dürfen an Embryonen und Föten, nimmt man sie als unverfügbare Personen ernst, gleichermaßen nur zu therapeutischen Zwecken durchgeführt werden (vgl. die für nicht einwilligungsfähige Personen geltende Regelung des § 14 Abs. 1 Gendiagnostikgesetz).

Der verfassungsrechtlich gebundene, demokratische Gesetzgeber beweist seine Stärke nicht dadurch, dass er unbeirrt einen einmal eingeschlagenen Weg fortsetzt, obwohl er sich damit immer weiter von einem verfassungsgemäßen Zustand entfernt. Er beweist seine Stärke vielmehr dadurch, dass er sich als zur Einsicht und Selbstkorrektur fähig erweist und

24 Im Übrigen ließe sich die mögliche Überforderung durch die elterliche Verantwortung für ein behindertes Kind in aller Regel durch vielfältige, auch staatliche, Unterstützungsmaßnahmen oder – ultima ratio – durch Abgabe der Elternverantwortung im Wege der Adoptionsfreigabe vermeiden, ohne dass ein Schwangerschaftsabbruch dafür notwendig wäre.

sich des Schutzes der schwächsten Glieder der Gesellschaft annimmt. Ein Verbot der PID wäre der erste richtige Schritt auf diesem Weg.

B. Die Verfassungswidrigkeit des Gesetzes zur Regelung der Präimplantationsdiagnostik (PräimpG)

Der Gesetzgeber hat sich bedauerlicherweise anders entschieden. Mit dem Gesetz zur Regelung der Präimplantationsdiagnostik (PräimpG), das durch den Beschluss des Bundestages vom 7. Juli 2011[25] und die Nichtanrufung des Vermittlungsausschusses durch den Bundesrat[26] zustande gekommen ist (Art. 78 GG) und nun nur noch der Ausfertigung und Verkündung durch den Bundespräsidenten (Art. 82 Abs. 1 GG) bedarf, um in Kraft treten zu können, wird die genetische Untersuchung von Zellen eines Embryo in vitro vor seinem intrauterinen Transfer zugelassen, wenn aufgrund der genetischen Disposition der Eltern oder eines Elternteiles für deren Nachkommen das hohe Risiko einer schwerwiegenden Erbkrankheit besteht oder eine schwerwiegende Schädigung des Embryos festgestellt werden soll, die mit hoher Wahrscheinlichkeit zu einer Tot- oder Fehlgeburt führen wird (§ 3a Abs. 2 ESchG i.d.F. von Art. 1 PräimpG). Die Rechtmäßigkeit der Durchführung einer PID wird im Übrigen von der nach einer medizinischen und psychosozialen Beratung schriftlich zu erteilenden Einwilligung der Frau, von der die Eizelle stammt, und von einem positiven Votum einer interdisziplinär zusammengesetzten Ethikkommission abhängig gemacht.

25 Deutscher Bundestag, 17. Wahlperiode, 120. Sitzung, Stenographischer Bericht, S. 13910 D – Annahme des Gesetzentwurfs BT-Drucks. 17/5451 in der Fassung der Drucksache 17/6400 (Beschlussempfehlung und Bericht des Ausschusses für Gesundheit vom 30.6.2011) mit 326 Ja-Stimmen gegen 260 Nein-Stimmen bei 8 Enthaltungen.

26 Beschluss des Bundesrates vom 23.09.2011, BR-Drucks. 480/11.

Sie darf ferner nur durch fachlich geschulte Ärzte in lizenzierten Zentren erfolgen.

Ungeachtet dieser Einschränkungen verstößt die Zulassung der PID, wie ausgeführt, gegen die Garantie der Menschenwürde (Art. 1 Abs. 1 GG) und das Grundrecht auf Leben (Art. 2 Abs. 2 S. 1 GG) der Embryonen, die diesem genetischen Testverfahren unterzogen werden. Die gesetzliche Regelung der PID unterliegt zudem durchgreifenden verfassungsrechtlichen Bedenken, soweit sie auf eine Definition des Begriffs der »schwerwiegenden Erbkrankheit« bzw. eine Auflistung von Krankheiten als Indikation für eine PID bewußt[27] verzichtet und stattdessen die Entscheidung, in welchen konkreten Fällen eine PID durchgeführt werden darf, dem Votum von Ethikkommissionen überantwortet, deren Einrichtung, Zusammensetzung und Verfahren erst in einer Rechtsverordnung der Bundesregierung mit Zustimmung des Bundesrates geregelt werden sollen (§ 3a Abs. 3 S. 3 Nr. 2 ESchG ESchG i.d.F. von Art. 1 PräimpG). Damit verlagert der Gesetzgeber die von ihm selbst zu treffende, wesentliche Entscheidung, unter welchen materiellen Tatbestandsvoraussetzungen PID zulässig sein soll, der Sache nach auf ein Gremium, das nicht demokratisch verantwortlich ist. Sofern man eine solche Entscheidungskompetenzverlagerung angesichts der auf dem Spiele stehenden grundrechtlichen Schutzgüter überhaupt für zulässig hält, muss der Gesetzgeber jedenfalls kompensatorisch die Zusammensetzung und das Entscheidungsverfahren der zu berufenden Kommissionen selbst so genau regeln, dass diese sich nicht praktisch selbst organisieren und nach eigenem Gutdünken entscheiden können. Diese zum Schutz der Grundrechte notwendigen, flankierenden Organisations- und Verfahrens-

27 Siehe dazu BT-Drucks. 17/5451, S. 7. Der Gesetzentwurf erkennt die verfassungsrechtliche Notwendigkeit gesetzgeberischer Regelung »angesichts der Hochwertigkeit der betroffenen Rechtsgüter« an, löst den Anspruch, »Rechtssicherheit zu schaffen«, mit dem unbestimmten Rechtsbegriff der »schwerwiegenden Erbkrankheit« aber nicht ein.

regelungen zu treffen, hat der Gesetzgeber jedoch verabsäumt und stattdessen an den Verordnungsgeber delegiert. Dies stellt einen Verstoß gegen die vom BVerfG in ständiger Rechtsprechung entwickelte sog. Wesentlichkeitstheorie dar, derzufolge der demokratisch legitimierte Gesetzgeber in grundlegenden normativen Bereichen alle wesentlichen, insbesondere sämtliche für die Ausübung und den Schutz von Grundrechen wesentlichen Entscheidungen selbst treffen muss und nicht einem ermächtigten Exekutivorgan überlassen darf.[28]

C. Verfassungsprozessuale Rechtsbehelfe

Wer aber kann diese Verfassungsverstöße prozessual in welchen Verfahren geltend machen und damit drohende Grundrechtsverletzungen abwehren?

I. Abstraktes Normenkontrollverfahren gemäß Art. 93 Abs. 1 Nr. 2 GG

Zulässig wäre jedenfalls ein abstraktes Normenkontrollverfahren gemäß Art. 93 Abs. 1 Nr. 2 GG iVm §§ 13 Nr. 6, 76 ff. BVerfGG, das die Möglichkeit einer umfassenden Überprüfung der Verfassungsmäßigkeit des PräimpG durch das BVerfG eröffnen würde. Dieses Verfahren könnte von der Bundesregierung, einer Landesregierung oder einem Viertel der Abgeordneten des Deutschen Bundestages eingeleitet werden. Es steht jedoch zu befürchten, dass keiner der Antragsberechtigen das BVerfG anrufen wird, weder eine von CDU oder CSU geführte Landesregierung, weil der Koalitionspartner FDP dieses Gesetz befürwortet, noch ein hinreichendes Quorum von Bundestagsabgeordneten, obwohl dieses schon dann erreicht würde, wenn nur gut die Hälfte der Abgeordneten, die den Gesetz gewordenen Gesetzentwurf abgelehnt haben (260), sich zu einem Normenkontrollantrag

28 Siehe nur BVerfGE 49, 89 (126); zuletzt BVerfGE 123, 39 (78).

entschließen könnte (155[29]). Dazu aber wird es wohl aus (partei-)politischen Gründen nicht kommen.[30]

II. Die Schwierigkeiten der Einleitung eines Verfassungsbeschwerdeverfahrens

Umso dringlicher stellt sich die Frage, ob ein Verfassungsbeschwerdeverfahren nach Art. 93 Abs. 1 Nr. 4a GG iVm §§ 13 Nr. 8a, 90, 92 ff. BVerfGG eingeleitet werden könnte.

1. Beschwerdefähigkeit und Beschwerdebefugnis

Nach überwiegender und auch hier vertretener Auffassung sind in vitro erzeugte menschliche Embryonen Träger der Grundrechte der Menschenwürde und des Lebensrechts (Art. 1 Abs. 1, 2 Abs. 2 S. 1 GG) und daher auch prinzipiell beschwerdefähig.[31] Alle Embryonen, deren Erzeugung von vornherein in der Absicht erfolgt, über ihre Implantierung erst nach vorheriger Durchführung einer PID zu entscheiden, sind an sich auch befugt, gegen das ihre Grundrechte beeinträchtigende Gesetz Verfassungsbeschwerde zu erheben; denn sie sind von der gemäß § 3a ESchG i.d.F. des PräimpG

29 Die gesetzliche Mitgliederzahl des Bundestages beträgt 598 (§ 1 Abs. 1 S.1 BWahlG). Hinzu kommen gegenwärtig noch 22 Überhangmandate, so dass die Gesamtzahl der Abgeordneten zurzeit 620 beträgt.

30 Insbesondere CDU und CSU haben kein Interesse, durch ein von einem Teil der Fraktionsmitglieder betriebenen abstrakten Normenkontrollverfahren die eigene Zerrissenheit in dieser Frage nach außen zu dokumentieren.

31 Christian Starck, in: v. Mangoldt/Klein/Starck, Hrsg., Grundgesetz, Kommentar, Bd. 1, 6. Aufl. 2010, Art. Rn. 18 f., Art. 2 Abs. 2 Rn. 203; W. Höfling, in: Sachs, GG, 6. Aufl. 2011, Art. 1 Rn. 59; Matthias Herdegen, in: Maunz/Dürig, Hrsg., Grundgesetz-Kommentar (Stand: Oktober 2010), Art. 1 Abs. 1 Rn. 66, jeweils mit weiteren Nachweisen, auch zur Gegenauffassung, etwa bei U. Di Fabio, Art. 2 Abs. 2 Rn. 24 ff..

zugelassenen PID als deren Objekt selbst sowie gegenwärtig und unmittelbar betroffen.

Die Embryobiopsie, also die Abspaltung einer oder zweier Zellen vom Embryo, erfolgt in der Regel am dritten Tag, nach einem neueren Verfahren am fünften Entwicklungstag nach der extrakorporalen Befruchtung, steht also im Zeitpunkt der Entstehung des Embryos bereits mit an Sicherheit grenzender Wahrscheinlichkeit unmittelbar bevor; denn die In-Vitro-Fertilisation mit anschließender PID vor einem Embryotransfer bildet bei den genetisch vorbelasteten Paaren eine untrennbare Entscheidungs- und Handlungseinheit. Die anschließende Untersuchung des Erbguts der abgespaltene(n) Zellen selbst dauert maximal 24 Stunden.

Die erforderliche zustimmende Bewertung der Ethikkommission (§ 3a Abs. 3 S. 1 Nr. 2 ESchG) ist schon vor der In-Vitro-Fertilisation, die einen neuen individuellen Grundrechtsträger entstehen lässt, eingeholt worden, so dass die PID tatsächlich wenige Tage nach der erfolgreichen extrakorporalen Befruchtung erfolgen kann und erfolgen wird. An der aktuellen Betroffenheit des Embryos (von Beginn seiner durch Verschmelzung von Samen- und Eizelle begründeten Existenz an) besteht daher kein Zweifel.

Unmittelbare Betroffenheit ist schließlich gegeben, wenn die angegriffenen Bestimmungen, ohne eines weiteren Vollzugsakts zu bedürfen, die Rechtsstellung des Beschwerdeführers nachteilig verändern.[32] Das ist auch dann anzunehmen, wenn dieser gegen einen denkbaren Vollzugsakt nicht oder nicht in zumutbarer Weise vorgehen kann.[33]

Als »Vollzugsakt« könnte allenfalls das positive Votum der Ethikkommission angesehen werden, mit dem das Vorliegen der Voraussetzungen des § 3a Abs. 2 ESchG im Einzelfall verbindlich festgestellt wird. Dem Gesetz ist aber nicht zu entnehmen, dass und wie dieses Votum (selbständig) anfechtbar ist.

32 Vgl. BVerfGE 97, 157 (164); 102, 197 (207).
33 Vgl. BVerfGE 100, 313 (354); 109, 279 (306 f.).

Im Übrigen droht die Antastung der Würde und die Mißachtung des Lebensrechts, d.h. die Gefährdung der Grundrechte der von PID betroffenen Embryonen bereits aufgrund des Gesetzes selbst, das die PID unter den tatbestandlichen Voraussetzungen des § 3a Abs. 2 u. 3 ESchG erlaubt. Auch wenn der Begriff der »schweren Erbkrankheit« nicht abschließend definiert ist, steht doch jedenfalls für bestimmte, allgemein als schwerwiegend anerkannte Erbkrankheiten die Zulässigkeit der Durchführung einer PID schon nach dem Gesetz fest. Unter diesen Umständen kann menschlichen Embryonen nicht zugemutet werden abzuwarten, bis sie einem selektiven Verfahren unterzogen worden sind, das ihnen im Fall eines Positivbefundes jede Lebensperspektive nimmt, weil es zu keiner Einpflanzung in die Gebärmutter der Eizellenspenderin mehr kommen wird[34].

2. Die Überwindung der mangelnden Verfahrensfähigkeit des Embryos

Die zentrale prozessuale Problematik einer Verfassungsbeschwerde gegen das PräimpG besteht in der mangelnden Verfahrensfähigkeit des Embryos. Er ist selbst nicht in der Lage, eine Verfassungsbeschwerde rechtswirksam zu erheben und ein Verfassungsbeschwerdeverfahren selbständig zu führen.

a) Bestellung eines Pflegers?

Die Durchsetzung der Grundrechte und grundrechtsgleichen Rechte von Ungeborenen liegt grundsätzlich – ebenso wie die von Minderjährigen – in der Hand ihrer Eltern, denen die Personensorge obliegt (§ 1629 Abs. 1 BGB; vgl. auch § 1912 Abs. 2 BGB). Grundsätzlich entscheiden also die Eltern, ob sie eine ihrem Kind drohende oder widerfahrene Grundrechts-

34 Zur Unzumutbarkeit der Hinnahme gesetzlich veranlasster schwerer und irreparabler Grundrechtsverletzungen siehe nur BVerfGE 115, 118 (139) – Luftsicherheitsgesetz.

verletzung als seine gesetzlichen Vertreter abwehren wollen oder nicht.

In Sachen PID sind es aber gerade die Eltern, die, weil sie nur ein gesundes Kind haben wollen, den extrakorporal erzeugten Embryo einem genetischen Test unterziehen wollen, der bei Positivbefund das Todesurteil bedeutet.

Das Gesetz schreibt für die PID die Einwilligung der Mutter vor; das Einverständnis des Vaters wird aber ebenfalls in aller Regel vorliegen[35]. Daher fallen beide Elternteile hier als natürliche Garanten für das Wohl des Kindes, das in seiner Erhaltung und der Eröffnung einer weiteren Lebensperspektive liegt, aus. Sie selbst gefährden das Leben und die Menschenwürde des Embryos, für den sie nur dann bereit sind, Elternverantwortung zu übernehmen, wenn er nicht einen gravierenden genetischen Defekt aufweist.

Unter diesen Umständen kann aber die auf einem diametralen Interessengegensatz beruhende Unwilligkeit der Eltern, fundamentale Grundrechte des von ihnen abstammenden Embryos zu verteidigen, nicht das letzte Wort sein. Der wehrlose Grundrechtsträger bedarf vielmehr prozessualer Fürsorge. Dieser Grundgedanke findet in zahlreichen Vorschriften des Bürgerlichen Gesetzbuches einen – wenn auch unvollständigen – Ausdruck (vgl. §§ 1666, 1796, 1909, 1912 Abs. 1 BGB): Wenn und soweit die Eltern in einem Teilbereich zur Ausübung der elterliche Sorge aus tatsächlichen oder rechtlichen Gründen nicht in der Lage oder nicht willens sind, sieht das

35 Andernfalls käme die Erhebung einer Verfassungsbeschwerde durch den Vater für den Embryo in Betracht, was allerdings die vorherige (teilweise) Entziehung der an sich gleichberechtigt der Mutter zustehenden Personensorge und deren Übertragung auf den Vater allein gemäß § 1666 BGB voraussetzt, die auch vorläufig durch einstweilige Anordnung gemäß § 157 Abs. 3 des Gesetzes über das Verfahren in Familiensachen und in den Angelegenheiten der freiwilligen Gerichtsbarkeit (FamFG) erfolgen können.

bürgerliche Recht die Bestellung eines (Ergänzungs-)Pflegers vor, der diese Aufgabe dann übernimmt.[36]

Die Bestellung einer Pflegschaft zwecks Erhebung einer Verfassungsbeschwerde für einen nach dem Willen seiner Eltern von PID bedrohten Embryo gegen das PräimpG dürfte indes regelmäßig schon daran scheitern, dass von dessen Existenz und der bevorstehenden, existenzbedrohenden PID das gemäß § 151 Nr. 5 des Gesetzes über das Verfahren in Familiensachen und in den Angelegenheiten der freiwilligen Gerichtsbarkeit (FamFG) zuständige Familiengericht entweder gar nicht oder aber jedenfalls nicht rechtzeitig Kenntnis erlangt, um noch, und sei es durch Erlass einer einstweiligen Anordnung (§§ 49, 51, 119 Abs. 1 S. 1, 157 Abs. 3 FamFG) von Amts wegen, zu intervenieren und die unmittelbar bevorstehende Durchführung der PID als einer das Kindeswohl wegen des ihr eigenen Selektionsmechanismus in höchstem Maße gefährdenden Maßnahme (vorläufig) zu unterbinden. Denn von dem Vorhaben wissen außer den Eltern nur der behandelnde Arzt in dem für die Präimplantationsdiagnostik zugelassenen Zentrum, der in die Vorgänge involvierte Teil des dortigen Hilfspersonals und die Ethikkommission, die den Fall geprüft hat. Die Öffentlichkeit erfährt von den im Rahmen der Präimplantationsdiagnostik durchgeführten Maßnahmen erst durch den alle vier Jahre erstellten Erfahrungsbericht, der auf der Grundlage der von einer Zentralstelle geführten Dokumentation und anonymisierten Daten, die von den Zentren an die Zentralstelle gemeldet werden müssen, die Zahl der jährlich durchgeführten Maßnahmen angibt (siehe § 3a Abs. 3 S. 2, Abs. 6 ESchG).

Nur wenn ausnahmsweise einmal zwischen den Eltern Dissens über die Durchführung einer PID besteht und diese nun gegen den aktuellen Willen des Vaters durchgeführt werden soll oder jemandem vom Personal des Zentrums für

36 Siehe zur Frage einer Pflegerbestellung zwecks Verhinderung eines Schwangerschaftsabbruchs *D. Schwab*, in: Münchener Kommentar zum BGB, Bd. VIII, 5. Aufl., 2008, § 1912 Rn. 12 m.w.N.

Präimplantationsdiagnostik, in dem die In-Vitro-Fertilisation erfolgreich durchgeführt worden ist und nun die PID in den nächsten Tagen durchgeführt werden soll, kurzfristig schwerwiegende Bedenken kommen, die ihn zur Einschaltung der Justiz bewegen, besteht überhaupt die Möglichkeit, in dem kurzen Zeitraum zwischen der Entstehung des Embryos durch extrakorporale Befruchtung und der Durchführung der von vornherein geplanten PID noch einstweiligen gerichtlichen Rechtsschutz zu erlangen. Wegen der Vorrangigkeit der Verpflichtung zur Gewährung effektiven, rechtzeitigen Rechtsschutzes gegenüber der Vorlagepflicht nach Art. 100 Abs. 1 GG wäre das Familiengericht am Erlaß einer die Durchführung der PID bis zum Abschluss des auf die Bestellung eines Pflegers gerichteten Hauptsachverfahrens untersagenden einstweiligen Anordnung auch nicht deshalb gehindert, weil es damit das PräimpG vorläufig außer Anwendung ließe[37].

Es käme aber grundsätzlich auch die sofortige Erhebung einer Verfassungsbeschwerde nach Art. 93 Abs. 1 Nr. 4a GG, verbunden mit dem Antrag auf Erlass einer einstweiligen Anordnung nach § 32 Abs. 1 BVerfGG, in Betracht, weil das PräimpG die Embryonen, wie ausgeführt, unmittelbar betrifft. Ein Rechtsweg steht insoweit nicht offen. Wenn man gleichwohl unter dem Aspekt der Subsidiarität der Verfassungsbeschwerde die vorherige Anrufung des Familiengerichts grundsätzlich für geboten hielte, so entfiele diese Subsidiarität vorliegend, weil dem Embryo als Beschwerdeführer durch die Verweisung an das Fachgericht ein schwerer und unabwendbarer Nachteil entstünde (§ 90 Abs. 2 S. 2 BVerfG), nämlich ein irreparabler Verlust seiner Würde und seines Lebens.

Wer aber dürfte eine solche Verfassungsbeschwerde gegen das PräimpG für den unmittelbar gefährdeten Embryo stellen und eine einstweilige Anordnung zu seinen Gunsten beim BVerfG beantragen? Ein mit der bevorstehenden Durchfüh-

37 Vgl. dazu Christian Hillgruber, in: Ders./Christoph Goos, Verfassungsprozessrecht, 3. Aufl., Heidelberg 2011, § 7 Rn. 606 mit Nachw. aus der Rspr. des BVerfG.

rung der PID nicht einverstandener, aber (noch) nicht allein vertretungsberechtigter Vater oder ein Dritter, der davon erfahren hat, in Prozessstandschaft? Die Voraussetzung wirksamer Stellvertretung läge beim Vater vor familiengerichtlicher Anordnung seiner alleinigen Zuständigkeit noch nicht vor, und eine Prozessstandschaft, die Geltendmachung eines fremden, einem anderen Rechtsträger zustehenden Grundrechts im eigenen Namen, kennt das Verfassungsbeschwerdeverfahren nach dem BVerfGG nicht.

Immerhin könnte ein solcher Antrag, selbst wenn man ihn für unzulässig hielte, dem BVerfG Anlass zum Erlass einer grundrechtssichernden einstweiligen Anordnung von Amts wegen geben, die es ermöglichte, bis zum Ablauf der Frist für die Erhebung einer Verfassungsbeschwerde die Bestellung eines Pflegers zu veranlassen, der das Verfahren fortführen könnte.

Es bliebe indes, selbst wenn die verbleibende, kurze Zeitspanne dafür gerade noch ausreichte, dabei, dass ein auch nur vorläufiger gerichtlicher Schutz der Grundrechte der durch künstliche Befruchtung entstandenen, von PID bedrohten Embryonen nur organisiert werden könnte, wenn entweder der Vater damit aufgrund eines plötzlichen Sinneswandels nicht (mehr) einverstanden ist oder ein Dritter aus dem persönlichen Umfeld der Eltern bzw. Hilfspersonal des lizenzierten Zentrums von der unmittelbar bevorstehenden PID bei einem bereits erzeugten Embryo Kenntnis erlangt und die Justiz mobilisiert. Beide Fälle dürften höchst selten auftreten.

b) Vorbeugender Grundrechtsschutz für noch nicht erzeugte Embryonen?

Ein wirksamer, nicht von zufälliger Kenntnis- und Anteilnahme abhängiger Schutz der bedrohten Grundrechte der einer PID voraussehbar ausgesetzten Embryonen müsste daher zeitlich früher – vor deren Erzeugung – ansetzen und zudem die rechtliche Fürsprache beliebiger hilfsbereiter Dritter in Anspruch nehmen.

Mit dem vorsorglichen Schutz künftiger Grundrechte noch gar nicht existenter Embryonen würde allerdings ebenso wie mit der Anerkennung einer Prozessstandschaft durch nicht selbst betroffene Dritte juristisches Neuland betreten. Beides ist aber nicht undenkbar, sondern erscheint vielmehr angesichts der besonderen Notlage, in der sich die Embryonen befinden, geboten.

Dass auch künftige Rechte einer Person der Fürsorge bedürfen können, weil und soweit ein erst zu Lebzeiten bzw. nach der Geburt einsetzender Schutz sie in ihrer Substanz nicht erhalten kann, belegt exemplarisch § 1912 Abs. 1 BGB. Effektiver (Grund-)Rechtsschutz muss unter diesen Umständen vorbeugender (Grund-)Rechtsschutz sein. Im Verwaltungsprozeßrecht ist in bestimmten Fallkonstellationen, namentlich dann, wenn anders rechtzeitiger und wirksamer verwaltungsgerichtlicher Rechtsschutz nicht zu erlangen ist, die Zulässigkeit einer vorbeugenden Unterlassungsklage gegen Verwaltungshandeln anerkannt, das subjektiv-öffentliche Rechte zu verletzen droht.[38]

Grundrechtsgefährdungen stehen unter bestimmten qualifizierenden Umständen bereits erfolgten Beeinträchtigungen grundrechtlicher Schutzgüter gleich. Hat das grundrechtlich geschützte Rechtsgut fundamentale Bedeutung (wie dies für die Menschenwürde und das Leben anzunehmen ist) und ist dessen Beeinträchtigung, einmal erfolgt, nicht mehr rückgängig zu machen, sondern irreparabel, so muss bereits bei einer nicht unwahrscheinlichen ernsthaften Gefährdung dieses Schutzguts sichergestellt sein, dass eine eventuell eintretende Beeinträchtigung keine Grundrechtsverletzung darstellt. Der Grundrechtsschutz muss in diesem Fall, um wirksam zu sein, in das Stadium der Grundrechtsgefährdung vorverlagert werden. Droht einem Grundrechtsträger, kaum dass er existent ist, bereits eine seine Fortexistenz bedrohende Behandlung

38 Siehe dazu Wolf-Rüdiger Schenke, Verwaltungsprozeßrecht, 12. Aufl., Heidelberg 2009, § 8 II.

und kann diese Bedrohung wegen der kurzen Zeitspanne, die zwischen dem Existenzbeginn und der tödlichen Bedrohung liegt, nach seiner Entstehung nicht mehr wirksam abgewehrt werden, so muss schon vorher der absehbaren Grundrechtsgefährdung des künftigen Grundrechtsträgers entgegen getreten werden können. Genau so liegen, wie dargelegt, die Dinge bei dem in vitro erzeugten Embryo, der nach dem Willen seiner Eltern wenige Tage nach seiner Erzeugung dem genetischen Testverfahren der PID unterzogen werden soll. Hier besteht ein unabweisbares grundrechtliches Schutzbedürfnis für noch nicht existente Menschen, weil sie unmittelbar nach Begründung ihrer Existenz ihrer fundamentalen Grundrechte beraubt zu werden drohen.

c) Ausnahmsweise Zulässigkeit einer Prozessstandschaft im Verfassungsbeschwerdeverfahren?

Wer aber soll bei den noch zu erzeugenden Embryonen die Gefährdung ihrer Menschenwürde und des Lebensrechts durch im unmittelbaren Anschluss an die künstliche Befruchtung erfolgende PID im Wege einer Verfassungsbeschwerde rügen dürfen?

Eine Pflegerbestellung scheidet – anders als bei der Leibesfrucht (vgl. § 1912 Abs. 1 BGB) – bei noch nicht individualisierbaren, künftigen Personen aus. Für sie kommt daher nur eine Prozessstandschaft durch nicht selbst betroffene Dritte in Betracht, die sich des Schicksals dieser künftigen Menschen anzunehmen und ein Verfassungsbeschwerdeverfahren zugunsten noch nicht erzeugter menschlicher Embryonen zu betreiben bereit sind, weil diese die ihnen ab Erzeugung zustehenden Grundrechte nicht selbst vor Verletzung schützen können.

Die Möglichkeit prozessualer Geltendmachung von Grundrechtsverletzungen oder -gefährdungen ist jedoch nach der Konzeption des BVerfGG grundsätzlich auf Fälle der Selbstbetroffenheit beschränkt: Der Beschwerdeführer muss, um aktiv prozessführungsbefugt zu sein, geltend machen können, in eigenen, ihm zustehenden Grundrechten oder grundrechtsgleichen Rechten verletzt (oder unmittelbar gefährdet) zu sein, § 90 Abs. 1 BVerfGG. Eine Popularklage, bei der sich der Kläger zum Sachwalter grundrechtlich geschützter Interessen eines anderen Grundrechtsträgers macht, ist ausgeschlossen, gewillkürte oder gesetzliche Prozessstandschaft, d.h. die Geltendmachung fremder Grundrechte im eigenen Namen nicht vorgesehen. Dies kann aber nicht ausnahmslos gelten.

Die Beschränkung auf die Geltendmachung eigener Rechte im Verfassungsbeschwerdeverfahren könnte andernfalls dazu führen, dass ein Grundrecht verletzt oder verletzungsgleich gefährdet wird, das BVerfG aber gleichwohl von keinem Grundrechtsträger angerufen werden kann, um die Gefährdung vorsorglich abzuwehren oder die Grundrechtsverletzung nachträglich festzustellen, da der Träger des verletzten Grundrechts sich vorher nicht selbst zur Wehr setzen kann und danach nicht mehr existiert. Der dem Individualrechtsschutz dienende Charakter des Verfassungsbeschwerdeverfahrens würde dann zumindest partiell und ohne ersichtlichen Grund in Frage gestellt. Genau dieser Fall träte beim Grundrecht auf Leben und beim Grundrecht der Unantastbarkeit der Menschenwürde ein, wenn nur der Inhaber des Grundrechts beschwerdebefugt wäre, dieser aber – gerade wegen einer Lebensgefahr oder einer Bedrohung seiner Menschenwürde oder aus anderen Gründen – gar nicht in der Lage ist, sich an das BVerfG zu wenden[39]. So lag der Fall bei der Entführung von Hanns-Martin Schleyer durch die RAF; das BVerfG hat den Antrag auf Erlass einer einstweiligen Anordnung nach § 32 Abs. 1 BVerfGG nicht als unzulässig angesehen, obwohl der Antrag von dessen Sohn »in Vertretung« erhoben worden war.[40]

39 Es geht bei der PID nicht um die Geltendmachung der Verletzung des postmortalen Persönlichkeitsrechts, sondern um eine Menschenwürdeverletzung zu Lebzeiten, auch wenn diese – wegen des ihr eigenen Selektionsautomatismus – einen Kausalzusammenhang auslöst, der zum Tod des Embryos führt.

40 BVerfGE 46, 160 (163).

Die Vorstellung klagloser Grundrechte, die nur den Status von Naturalobligationen haben, ist der Grundrechtskonzeption des Grundgesetzes fremd. Die Anordnung ihrer unmittelbarer Rechtsgeltung (Art. 1 Abs. 3 GG) schließt ihre verfassungsprozessuale Durchsetzbarkeit ein. Es ist nicht davon auszugehen, dass der verfassungsändernde Gesetzgeber mit der Einführung des Art. 93 Abs. 1 Nr. 4a GG bestimmte (drohende) Grundrechtsrechtsverletzungen klaglos stellen wollte[41], und wenn, wäre diese Verfassungsänderung, die bestimmte Grundrechte ohne ersichtlichen Grund schutzlos stellte, selbst verfassungswidrig (Art. 79 Abs. 3 GG in Verbindung mit den Grundsätzen des Art. 1 GG). Verfassungskonform ist die Verfassungsänderung (Art. 93 Abs. 1 Nr. 4a GG) dahin zu interpretieren, dass das BVerfG auch für Verfassungsbeschwerden zuständig sein soll, die zur Abwehr der Verletzung fremder Grundrechte und grundrechtsgleicher Rechte von Dritten erhoben werden, sofern der Grundrechtsträger selbst dazu nicht in der Lage ist, die Erhebung der Verfassungsbeschwerde seinem mutmaßli-

41 Aus der Rechtsprechung des BVerfG kann nichts anderes abgeleitet werden. Zwar ist nach BVerfGE 94, 166 (212) die nach Art. 93 Abs. 1 Nr. 4a GG bestehende Verfassungsrechtslage »nicht so zu verstehen, daß sie dem Beschwerdeführer *unter allen Umständen* die Möglichkeit gewährleistet, vor Vollzug des angegriffenen Hoheitsaktes eine Entscheidung des Bundesverfassungsgerichts, sei es im Verfassungsbeschwerde-Verfahren, sei es im Verfahren des einstweiligen Rechtsschutzes nach §32 BVerfGG, zu erhalten« (Hervorhebung vom Verfasser). § 32 BVerfGG »verpflichtet das Bundesverfassungsgericht jedoch nicht, *in jedem Fall* einzuschreiten, wenn eine Entscheidung, die möglicherweise auf einer Grundrechtsverletzung beruht, im Falle ihres Vollzuges vor einer Entscheidung über die Verfassungsbeschwerde schwerwiegende Auswirkungen haben kann« (Hervorhebung vom Verfasser) (BVerfGE 94, 166, 215). Das schließt indes nicht aus, dass in Fällen eines schwerwiegenden und irreparablen Grundrechtsverlusts, wie er bei einer lebensgefährdenden Behandlung zu befürchten steht, (vorläufiger) individueller verfassungsgerichtlicher Rechtsschutz erlangbar sein muss; siehe dazu auch BVerfGE 94, 166 (223 ff., 226) – abweichende Meinung der Richterin *Limbach* und der Richter *Böckenförde* und *Sommer*.

chen Willen entspricht und andernfalls eine endgültige Vereitelung des Grundrechtsschutzes droht.[42]

Die Eröffnung des abstrakten Normenkontrollverfahrens gemäß Art. 93 Abs. 1 Nr. 2 GG vermag den Ausfall des Verfassungsbeschwerdeverfahrens nach Art. 93 Abs. 1 Nr. 4a GG bei Nichtzulassung von Prozessstandschaft nicht zu kompensieren. Die Antragstellung steht beim abstrakten Normenkontrollverfahren im gerichtlich nicht überprüfbaren Ermessen der Antragsberechtigten. Ob sie von ihrer Antragsberechtigung Gebrauch machen und die ihnen zugedachte Garantenstellung hinsichtlich der Verfassungsmäßigkeit der Rechtsordnung damit tatsächlich wahrnehmen, hängt auch von politischen Erwägungen und Rücksichtnahmen ab. Die möglicherweise verletzten Grundrechte Einzelner mögen dabei im politischen Kalkül, das über die Antragstellung entscheidet, zur quantité négligeable werden. Den Schutz der Integrität der Verfassung gleichwohl nur einem eng begrenzten Kreis von möglichen Antragstellern anzuvertrauen, mag für das objektive Verfassungsrecht angehen; die Grundrechte als Individualrechte müssen dagegen, wenn sie diesen Namen verdienen wollen, auch mit individueller Rechtsdurchsetzungsmacht versehen sein. Dies erfordert die Eröffnung des Verfahrens der Verfassungsbeschwerde für den betroffenen Grundrechtsträger, der in aller Regel selbst seine Grundrechte einklagt oder durch einen legitimierten Vertreter einklagen lässt, falls dies ausnahmsweise nicht möglich ist, aber auch die Zulässigkeit der Einschaltung eines Prozessstandschafters.

Angesichts der Beschränkung auf den Sonderfall, dass ansonsten die Gefährdung oder Verletzung eines Grundrechts überhaupt nicht verfassungsgerichtlich in einem Verfassungsbeschwerdeverfahren überprüft werden könnte, droht bei ausnahmsweiser Zulassung einer Prozessstandschaft in dieser

42 Für die Zulässigkeit der von einem Dritten eingelegten Verfassungsbeschwerde in Eilfällen, in den die Bestellung eines Pflegers zur zeitaufwändig ist, auch Christoph Goos, in: Christian Hillgruber/Ders., Verfassungsprozeßrecht, a.a.O., § 3 II 3 e, Rn. 139.

außergewöhnlichen und höchst selten auftretenden Konstellation auch keine Flut von Popularklagen.

Die Prozessstandschaft kann dann, wenn – wie hier – die behauptete Grundrechtsgefährdung bzw. -verletzung von den Eltern ausgeht, auch nicht sinnvoll auf die nächsten Angehörigen beschränkt werden, sondern muss – mangels entgegenstehender Regelungen – prinzipiell jedem beliebigen Dritten offenstehen, der sich der Verteidigung der Grundrechte der Embryonen annehmen will. De lege ferenda wäre eine Beschränkung der Prozessstandschaft auf Vereinigungen, die sich satzungsgemäß dem Schutz der Würde und des Lebens der (potentiellen) Opfer (z.B. Juristenvereinigung Lebensrecht; Weißer Ring e.V.) verschrieben haben, möglich.

D. Fazit und Ausblick

Die Erfolgsaussichten einer gegen das PräimpG in Prozessstandschaft von einem nicht selbst betroffenen Dritten erhobenen Verfassungsbeschwerde sind unsicher, vor allem in prozessualer aber auch in materiellrechtlicher Hinsicht, weil der verfassungsrechtliche Status des Embryos umstritten ist. Gleichwohl sollte, um der auf dem Spiele stehenden, fundamentalen Grundrechtsgüter willen, der Versuch, beim BVerfG verfassungsgerichtlichen Rechtsschutz zu erlangen, unternommen werden.

Die Begründung der jüngst in einem Vorabentscheidungsverfahren ergangenen Entscheidung des EuGH[43] zur Biopatentrichtlinie[44] sollte dabei in der Sache durchaus hoffnungsfroh stimmen. Wenn danach Verfahren, deren Anwendung die der Menschenwürde geschuldete Achtung vermissen lassen, von der Patentierbarkeit ausgeschlossen sind und dies auch für eine technische Lehre gilt, die »die vorhergehende Zerstörung menschlicher Embryonen oder deren Verwendung als Ausgangsmaterial erfordert, in welchem

43 EuGH, Urteil (Große Kammer) vom 18.10.2011, Rs. C-34/10, EuZW 2011, 908 ff.; JZ 2012, 142 ff.

44 Richtlinie 98/44/EG des Europäischen Parlaments und des Rates vom 6.7.1998 (ABl. L 213, S. 13).

Stadium auch immer die Zerstörung oder die betreffende Verwendung erfolgt«, dann ist dies ein starkes Plädoyer für einen unbedingten europäischen Menschenwürdeschutz, der auch für die Auslegung des Grundgesetzes der sich in Europa integrierenden Bundesrepublik Deutschland von nicht zu unterschätzender Bedeutung ist.[45]

45 Zu den europäischen Perspektiven nach der Entscheidung des EuGH (Fn. 12) siehe Klaus Ferdinand Gärditz, in diesem Band, S. 87. Das BVerfG neigt in seiner jüngsten Rechtsprechung zu einer europarechtskonformen Auslegung des Grundgesetzes und würde sich daher voraussichtlich von der Entscheidung des EuGH nicht unbeeindruckt zeigen.

Klaus F. Gärditz

Der Europäische Gerichtshof als Hüter der Menschenwürde: Embryonenschutz und Stammzellforschung

Die Achtung der Menschenwürde gehört nach Art. 2 des Vertrags über die Europäische Union (EUV) zu den Werten, auf denen (sich) die Europäische Union gründet. Der konkrete normative Gehalt der Menschenwürde ist im Recht der Europäischen Union hierbei jedoch weitgehend im Vagen geblieben. In Anbetracht des Abstraktionsgrades des Begriffes Würde sowie der durchaus disparaten rechtsethischen Konzepte, die mit der Menschenwürde innerhalb der einzelnen Rechtsordnungen verbunden werden, ist dies auch kaum verwunderlich. Freilich war es schon immer nur eine Frage der Zeit und des prozessrechtlich geeigneten Anlasses, bis die europäische Rechtsprechung die Gelegenheit zu einer Präzisierung der abstrakten Zielbestimmungen des Primärrechts und der deutungsoffenen Grundrechte[1] ergreift, europäischen Grundrechtsschutz sukzessive dogmatisiert und diesen mit konkreten Inhalten füllt.[2] Eine wegweisende Entscheidung des Europäischen Gerichtshofs (EuGH) vom 18. Oktober 2011[3]

1 Für die Menschenwürde explizit Peter Häberle, Das Verständnis des Rechts als Problem des Verfassungsstaates, in: Kent D. Lerch, Hrsg., Die Sprache des Rechts, Bd. 1: Recht verstehen, Berlin 2004, S. 155 (163).

2 Vgl. Jörg Philipp Terhechte, Konstitutionalisierung und Normativität der europäischen Grundrechte, Tübingen 2011, S. 59.

3 EuGH, Rs. C-34/10, *Brüstle/Greenpeace*, Europäische Zeitschrift für Wirtschaftsrecht, 22. Jg. (2011), Nr.23, S. 908.

nimmt sich nunmehr auch des europäischen Menschenwürdekonzepts an und trägt anhand des auf den ersten Blick eher peripheren Rechtsgebiets des Patentrechts entscheidend dazu bei, das normative Wertefundament der Europäischen Union zu konturieren.

A. Die Menschenwürde in der Rechtsprechung des EuGH

Seit der *Stauder*-Entscheidung aus dem Jahr 1969[4] erkennt der EuGH an, dass die europäischen Grundrechte, die ursprünglich nicht positiviert waren und daher neben den Grundfreiheiten nicht textlich in Erscheinung traten, zu den allgemeinen Rechtsgrundsätzen des Gemeinschafts- bzw. des Unionsrechts zählen, die die Organe der Gemeinschaft bzw. Union unmittelbar binden.[5] Es dauerte indes lange, bis es auch zu einer Annäherung der Rechtsprechung des EuGH an die Menschenwürde kam.[6] Obschon die Menschenwürde fraglos zum gemeineuropäischen rechtskulturellen Erbe zählt,[7] ist ihr konkreter rechtlicher Bedeutungsgehalt auch in denjenigen Staaten, deren positives Verfassungsrecht die vorpositive Idee der Menschenwürde in eine verbindliche Rechtsnorm umgegossen hat[8] (vgl. für Deutschland Art. 1 Abs. 1 Grundgesetz

4 EuGH, Rs. 29/69, *Stauder*, Slg. 1969, S. 419, Rn. 7.

5 Eingehend und stellvertretend zur Entwicklung Gert Nicolaysen, Historische Entwicklungslinien des Grundrechtsschutzes in der EU, in: F. Sebastian M. Heselhaus/Carsten Nowak, Hrsg., Handbuch der Europäischen Grundrechte, München 2006, § 1 Rn. 55 ff.

6 Zur Entwicklung eingehend Christian Calliess, in: ders./Matthias Ruffert, Hrsg., EUV/AEUV, 4. Aufl., München 2011, Art. 1 GRCh, Rn. 18 ff.; Frank Schorkopf, in: Dirk Ehlers, Hrsg., Europäische Grundrechte und Grundfreiheiten, 3. Aufl., Berlin 2009, § 15, Rn. 4 ff.

7 Eingehend Hasso Hofmann, Menschenwürde und Naturverständnis in der europäischen Perspektive, Der Staat, Jg. 37 (1998), Nr.3, S. 349 ff.

8 Siehe nur Josef Isensee, Menschenwürde: Die säkulare Gesellschaft auf der Suche nach dem Absoluten, in: Archiv für öffent-

[GG]), auf Grund des Abstraktionsgrades von Würde und der auch historisch sehr unterschiedlichen Sinngebungsversuche interpretatorisch nicht leicht zu greifen. In den zentralen Anwendungsfeldern, in denen der Menschenwürde im deutschen Verfassungsrecht vornehmlich Bedeutung zugemessen wird – namentlich der Schutz des menschlichen Lebens[9] und der psychischen sowie physischen Integrität der Person –, fehlte es im Recht der Europäischen Union bislang meist an einschlägigen Konfliktfeldern. Ein potentielles Anwendungsgebiet ist der Bereich der Forschungsförderung, da sich viele der hier vermehrt auftretenden bioethischen Konflikte rechtlich auch unter den Auspizien menschlichen Würdeschutzes diskutieren lassen.[10] Im Folgenden soll daher der Entwicklung der Rechtsprechung des EuGH zur Menschenwürde nachgegangen werden, um das erwähnte Urteil vom Oktober 2011 in diesem Kontext zu analysieren bzw. zu positionieren.

I. Die Entscheidung des EuGH zur Primärrechtskonformität der Biopatentrichtlinie

Der EuGH hatte sich – soweit ersichtlich – erstmalig im Jahre 2001 im Zusammenhang mit der Prüfung, ob die auch im vorliegend besprochenen Fall einschlägige Biopatentrichtlinie[11] mit europäischem Primärrecht vereinbar ist, mit der Menschenwürde als Prüfungsmaßstab zu befassen. Die

liches Recht, Jg. 131 (2006), Nr.1, S. 173 (175); Klaus Ferdinand Gärditz, Säkularität und Verfassung, in: Otto Depenheuer/Christoph Grabenwarter, Hrsg., Verfassungstheorie, Tübingen 2010, § 5, Rn. 28 ff.

9 BVerfGE 39, 1 (41); 88, 203 (252).

10 Klaus Ferdinand Gärditz, Menschenwürde, Biomedizin und europäischer Ordre Public, in: Elisabeth Dujmovits/Harald Eberhard/Iris Eisenberger/Daniel Ennöckl/Konrad Lachmayer/Karl Stöger, Hrsg., Medizin und Recht, Baden-Baden 2006, S. 11 (16).

11 Richtlinie 98/44/EG des Europäischen Parlaments und des Rates vom 6. Juli 1998 über den rechtlichen Schutz biotechnologischer Erfindungen (ABl. L 213, S. 13).

Richtlinie war insbesondere mit dem Argument durch Nichtigkeitsklage angegriffen worden, dass eine Patentierbarkeit isolierter Bestandteile des menschlichen Körpers eine Instrumentalisierung lebender menschlicher Materie bedeute, was die Menschenwürdegarantie verletze. Der EuGH hielt sich offensichtlich für befugt, die Vereinbarkeit von Sekundärrecht mit der Menschenwürde zu überprüfen, was voraussetzt, dass die Menschenwürde normenhierarchisch im Rang des Primärrechts anzusiedeln ist: »Es obliegt dem Gerichtshof, im Rahmen der Kontrolle der Übereinstimmung der Handlungen der Organe mit den allgemeinen Grundsätzen des Gemeinschaftsrechts die Beachtung der Menschenwürde und des Grundrechts der Unversehrtheit der Person sicherzustellen.«[12] Der Gerichtshof hielt den Klagegrund der Würdeverletzung jedoch für unbegründet, da »die Richtlinie das Patentrecht in Bezug auf lebende Materie menschlichen Ursprungs so streng fasst, dass der menschliche Körper tatsächlich unverfügbar und unveräußerlich bleibt und somit die Menschenwürde gewahrt wird.«[13] In der Tat enthält Art. 6 Biopatentrichtlinie Beschränkungen der Patentierbarkeit, die bei sachgerechter Auslegung einen hinreichenden Schutz der Menschenwürde sicherstellen. Freilich handelt es sich hierbei teils um deutungsoffene Klauseln, deren Schutzqualität wesentlich von der konkreten Interpretation und von der Rechtsanwendung abhängt. Daher hatte der EuGH bereits im Jahre 2001 gewissermaßen die Verantwortung übernommen, bei der Beantwortung künftig an ihn herangetragener Auslegungsfragen, die noch nicht Gegenstand der Nichtigkeitsklage waren und auch prozessrechtlich nicht sein konnten, einen angemessenen Schutz der Menschenwürde zu gewährleisten. Dieser Erwartung ist der Gerichtshof zehn Jahre später in der hier

12 EuGH, Rs. C-377/98, *Niederlande/Europäisches Parlament*, Slg. 2001, I-7149, Rn. 70.

13 EuGH, Rs. C-377/98, *Niederlande/Europäisches Parlament*, Slg. 2001, I-7149, Rn. 77.

im Mittelpunkt stehenden Entscheidung in der Rechtssache *Brüstle gegen Greenpeace* (unten B.) gerecht geworden.

II. Die Entscheidung des EuGH in der Rechtssache Omega: Menschenwürde als Eingriffsrechtfertigung

In einer späteren Entscheidung in der Rechtssache *Omega* aus dem Jahre 2004 hatte der EuGH die Menschenwürde unter umgekehrten Vorzeichen als mögliche Schranke der Grundfreiheiten aufgegriffen. In dem Ausgangsfall ging die Bundesstadt Bonn als Ordnungsbehörde gegen den (englischen) Betreiber einer so genannten Laserdrome-Anlage vor. Dort können Kunden gegen Entgelt an einem Spiel teilnehmen, bei dem sich die Teilnehmer auf einem mit Hindernissen ausgestalteten Hallengelände mit Lichtpistolen beschießen und etwaige Treffer von einer mit Lichtsensoren besetzten »Rüstung« registriert werden. Die Ordnungsbehörde machte geltend, dass hierin eine Simulation von Tötungshandlungen zu erblicken sei, die gegen die Menschenwürde verstoße und daher als unvereinbar mit der öffentlichen Sicherheit und Ordnung untersagt werden könne. Der EuGH wurde im Wege des Vorabentscheidungsverfahrens angerufen, um zu klären, ob die vorgebrachten Argumente eine hinreichende Begründung darstellten, den Eingriff in die einschlägige Grundfreiheit des Betreibers zu rechtfertigen.

Der EuGH stellte in seinem Urteil zunächst fest, dass »die Gemeinschaftsrechtsordnung unbestreitbar auf die Gewährleistung der Achtung der Menschenwürde als eines allgemeinen Rechtsgrundsatzes« abziele. Somit sei »das Ziel, die Menschenwürde zu schützen, unzweifelhaft mit dem Gemeinschaftsrecht vereinbar, ohne dass es insoweit eine Rolle spielt, dass in Deutschland dem Grundsatz der Achtung der Menschenwürde die besondere Stellung eines selbständigen Grundrechts zukommt.«[14] Wenn die Menschenwürde aber

14 EuGH, Rs. C-36/02, *Omega*, Slg. 2004, I-9609, Rn. 34.

Bestandteil des europäischen Primärrechts ist, eignet sie sich grundsätzlich auch, als objektives Interesse der Allgemeinheit Eingriffe in Grundfreiheiten zu rechtfertigen. Der Gerichtshof hatte die Eignung von Grundrechten als Schranke der Grundfreiheiten bereits zuvor in einem Konfliktfall zwischen Warenverkehrsfreiheit und Versammlungsfreiheit (Brennerblockade) anerkannt.[15] »Da die Grundrechte sowohl von der Gemeinschaft als auch von ihren Mitgliedstaaten zu beachten sind, stellt der Schutz dieser Rechte ein berechtigtes Interesse dar, das grundsätzlich geeignet ist, eine Beschränkung von Verpflichtungen zu rechtfertigen, die nach dem Gemeinschaftsrecht, auch kraft einer durch den EG-Vertrag gewährleisteten Grundfreiheit wie des freien Dienstleistungsverkehrs, bestehen [...].«[16] Damit kam es im Rahmen der *Omega*-Entscheidung im Einzelnen darauf an, ob die ergriffenen Maßnahmen mit dem Grundsatz der Verhältnismäßigkeit vereinbar waren.[17] Die Verhältnismäßigkeit erfordert auch im Unionsrecht ungeachtet aller Unterschiede im Detail eine Relationierung verschiedener Güter bzw. Interessen. Das Verhältnismäßigkeitsgebot ist insbesondere abhängig von den tatsächlichen Rahmenbedingungen,[18] aber auch vom jeweiligen gesellschaftlichen Kontext. Ob eine Wirtschaftstätigkeit unter Verweis auf die öffentliche Ordnung untersagt werden kann, hängt daher entscheidend auch von sozialethischen Wertungen ab, die im gesamteuropäischen Vergleich keineswegs stabil und gleichförmig sein müssen. Selbst das Argument Menschenwürde kann zu diametral entgegengesetzten Ergebnissen führen, wie der Fall *Omega* zeigt:

15 EuGH, Rs. C-112/00, *Schmidberger*, Slg. 2003, I-5659, Rn. 74.
16 EuGH, Rs. C-36/02, *Omega*, Slg. 2004, I-9609, Rn. 35.
17 EuGH, Rs. C-36/02, *Omega*, Slg. 2004, I-9609, Rn. 36.
18 Siehe nur Oliver Lepsius, Was kann die deutsche Staatsrechtslehre von der amerikanischen Rechtswissenschaft lernen?, in: Helmuth Schulze-Fielitz, Hrsg., Staatsrechtslehre als Wissenschaft, Berlin 2007, S. 319 (352).

Erblickt man die Selbstbestimmung des Einzelnen (und damit vorausgesetzt: seine fingierte [zur Entfaltung angelegte] Selbstbestimmungsfähigkeit[19]) als Kernbestandteil des Würdekonzeptes, erscheint es – gerade wenn man die Würde an ihren gemeineuropäischen Renaissancewurzeln packt[20] – mehr als zweifelhaft, das Argument Menschenwürde (wie im Ausgangsfall durch die befassten deutschen Gerichte geschehen) gegen ihre Träger selbst in Stellung zu bringen,[21] die im Fall *Omega* für die Teilnahme an dem Spiel immerhin Eintritt entrichtet hatten und in der »Tötungssimulation« offensichtlich keine Entwürdigung der eigenen Person erblickten. Sind aber ethische Bewertungen disparat, ist es entscheidend, auf wessen Urteil es letztlich *institutionell* ankommen soll: quis iudicabit? Der EuGH hätte hier auf die Notwendigkeit einer gleichmäßigen Rechtsanwendung innerhalb der Union verweisen und einen autonom europarechtlichen Gehalt der Menschenwürde formulieren können. In weiser Zurückhaltung und in der Sache auch aus Rücksichtnahme auf die nationale Identität der Mitgliedstaaten hat der Gerichtshof indes die wertbezogene

19 Luzide hierzu Rolf Gröschner, Menschenwürde und Sepulkralkultur in der grundgesetzlichen Ordnung, Stuttgart 1995, S. 32 ff.

20 Giovanni Pico della Mirandola, Oratio de hominis dignitate, 1486 (zit. hier nach der von A. Buck herausgegebenen Ausgabe, Hamburg 1990, S. 6): »Nec te caelestem neque terrenum, neque mortalem neque immortalem fecimus, ut tui ipsus quasi arbitrarius honorariusque plastes et fictor, in quam malueris tute formam effingas. Poteris in inferiora quae sunt bruta degenerare; poteris in superiora quae sunt divina ex tui animi sententia regenerari.« Dies ist ein dezidiert freiheitliches, auf Selbstbestimmung gründendes Würdekonzept.

21 Berechtigte Kritik bei OVG Hamburg, in: Gewerbearchiv, 31. Jg. (1985), S. 125; Gewerbearchiv, 33. Jg. (1987), S. 298 (299); Christoph Gusy, Sittenwidrigkeit im Gewerberecht, in: Deutsches Verwaltungsblatt 1982, S. 984 (985 f.); Christian Hillgruber, Der Schutz des Menschen vor sich selbst, München 1992, S. 108 ff.; Wolfram Höfling, Offene Grundrechtsinterpretation, 1987, S. 114; ders., Menschenwürde und gute Sitten, in: Neue Juristische Wochenschrift Jg.36 (1983), Heft 27, S. 1582 (1583 ff.); Thomas Würtenberger, Zeitgeist und Recht, 2. Aufl., Tübingen 1991, S. 229.

Ausfüllung der öffentlichen Ordnung den einzelnen Mitgliedstaaten überlassen: »Insoweit ist es nicht unerlässlich, dass die von den Behörden eines Mitgliedstaats erlassene beschränkende Maßnahme einer allen Mitgliedstaaten gemeinsamen Auffassung darüber entspricht, wie das betreffende Grundrecht oder berechtigte Interesse zu schützen ist.«[22]

Damit wird der Schutz der Menschenwürde in der Sache dezentralisiert. Es gelang also offenbar nicht, den abstrakten Würdeschutz mit konkreten und zugleich gemeineuropäisch anschlussfähigen Inhalten zu füllen. Dies ist insoweit bemerkenswert, als man stets bemüht war, die Menschenwürde als gemeinsame Basis der europäischen Rechtsgemeinschaft auszuflaggen. Der EuGH hat die jedenfalls seinerzeit richtige Konsequenz gezogen, dass man – solange ein gemeineuropäischer Würdestandard nicht zu ermitteln ist – den Mitgliedstaaten keine Eingriffe in Grundfreiheiten untersagen kann, die plausibel mit dem Argument Menschenwürde begründet wurden. Der EuGH akzeptiert damit zugleich eine (durchaus angreifbare) Rechtsprechungslinie des Bundesverwaltungsgerichts, das den Einzelnen auch gegen sich selbst schützt[23] – und damit Menschenwürde entsubjektiviert sowie in eine sittliche Verhaltenserwartung umformt. Ein solches dezentrales Modell, wie es der EuGH in seiner *Omega*-Entscheidung noch sachgerecht anwenden konnte, ist freilich nur solange tragfähig, als Rechtsakte der Mitgliedstaaten am Maßstab des Unionsrechts zu prüfen bzw. unionsrechtskonform zu interpretieren sind. Sobald es um Maßnahmen von Organen der Europäischen Union, insbesondere um Akte der europäischen Rechtsetzung geht, helfen disparate Wertmaßstäbe der Mitgliedstaaten nicht weiter. In diesem Fall ist die Gewinnung eines autonom europäischen Begriffs von Menschenwürde aus dem Primärrecht der Union heraus unvermeidbar.

22 EuGH, Rs. C-36/02, *Omega*, Slg. 2004, I-9609, Rn. 37.
23 BVerwGE 64, S. 274 (276 ff.).

B. Die Entscheidung in der Rechtssache Brüstle gegen Greenpeace

Der erste Schritt in diese Richtung erfolgte nunmehr in der Rechtssache *Brüstle gegen Greenpeace*. Seit der Entscheidung in der Rechtssache *Omega* hat sich auch auf der Ebene der geltenden Verträge der Europäischen Union eine nicht unwesentliche Änderung ergeben. Mit dem Inkrafttreten des Lissabon-Vertrages zum 1. Dezember 2009 wurde nunmehr auch die EU-Grundrechtecharta (GRC)[24], die zuvor nur unverbindlich einen Stand europäischen Grundrechtsschutzes nachzeichnen konnte, förmlicher Bestandteil des geltenden Unionsrechts. Art. 6 Abs. 1 UAbs. 1 EUV inkorporiert die Grundrechtecharta, und zwar ausdrücklich im Rang des europäischen Primärrechts. Damit bindet die Charta und die in ihr enthaltene Menschenwürdegarantie (Art. 1 GRC) nach Maßgabe des Art. 51 Abs. 1 GRC unmittelbar die Organe der Europäischen Union, im Übrigen aber auch die Mitgliedstaaten, soweit diese das Unionsrecht durchführen. Auch wenn der EuGH dies in seiner *Brüstle*-Entscheidung nicht näher ausführt, war es vor dem Hintergrund eines nunmehr primärrechtlich explizierten Schutzgebots für die Menschenwürde nur noch schwer möglich, die interpretatorische Konturierung eines originär europäischen Würdekonzeptes zu vermeiden.[25]

I. Der patentrechtliche Rahmen

Den Ausgangspunkt der Entscheidung in der Rechtssache *Brüstle gegen Greenpeace* bildet ein Patentstreit über die Zulässigkeit der Patentierung eines biomedizinischen Verfahrens, das auf der Gewinnung humaner embryonischer Stammzellen beruht. Der Berufungskläger des zugrunde liegenden

24 Charta der Grundrechte der Europäischen Union v. 7.12.2000 (ABlEG Nr. C 364, S. 1).

25 Vgl. auch Generalanwalt Bot, Schlussanträge v. 11.3.2011, Rs. C-34/10, *Brüstle/Greenpeace*, Rn. 13.

Rechtsstreits ist Inhaber eines deutschen Patents betreffend isolierte und gereinigte neurale Vorläuferzellen, Verfahren zu ihrer Herstellung aus embryonalen Stammzellen und ihre Verwendung zur Therapie von neuralen Defekten. Dieses Patent wurde auf eine Klage der Berufungsbeklagten (*Greenpeace e. V.*) vom Bundespatentgericht nach Maßgabe von §§ 2 Abs. 2 Satz 2 Nr. 3, 22 Patentgesetz (PatG)[26] für nichtig erklärt, da das Patent die Verwendung von menschlichen Embryonen zu industriellen oder kommerziellen Zwecken betreffe und daher wegen eines Verstoßes gegen den Ordre public-Vorbehalt nicht patentierfähig sei. Der Bundesgerichtshof als Rechtsmittelinstanz (§ 110 PatG) ging davon aus, dass es für die Auslegung der patentrechtlichen Bestimmungen auch auf die einschlägigen Vorgaben der EU-Biopatentrichtlinie[27]

26 Patentgesetz in der Fassung der Bekanntmachung v. 16.12.1980 (BGBl. 1981 I S. 1), das zuletzt durch Art. 13 des Gesetzes v. 24.11.2011 (BGBl. I S. 2302) geändert worden ist.

27 Richtlinie 98/44/EG v. 6.7.1998 über den rechtlichen Schutz biotechnologischer Erfindungen (ABlEG 1998 Nr. L 213/13). Siehe hierzu im vorliegenden Kontext stellvertretend Marion Albers, »Patente auf Leben", in: JuristenZeitung, 58 Jg. (2003), Heft 5, S. 275 (281 ff.); Tanja Barton, Der »Ordre public« als Grenze der Biopatentierung, Berlin 2004, S. 41 ff., 206 ff.; Christian Calliess/Christian Meiser, Menschenwürde und Biotechnologie, in: Juristische Schulung, 42. Jg. (2002), Heft 5, S. 426 ff.; Joachim Feldges, Ende des absoluten Stoffschutzes? – Zur Umsetzung der Biotechnologie-Richtlinie, in: Gewerblicher Rechtsschutz und Urheberrecht, 107. Jg. (2005), Heft 12, S. 977 (978 f.); E. Richard Gold/Alain Gollochat, The European Biotech Directive: Past as Prologue, in: European Law Journal, vol. 7 (2001), S. 331 ff.; Matthias Herdegen, Die Erforschung des Humangenoms als Herausforderung für das Recht, in: JuristenZeitung, 55. Jg. (2000), S. 633 (638 ff.); ders., Patenting Human Genes and other Parts of the Human Body under EC Biotechnology Directive, in: Bio-Science Law Review, vol. 4 (2000/2001), S. 102 ff.; ders., Die Patentierbarkeit von Stammzellenverfahren nach der Richtlinie 98/44/EG, in: Gewerblicher Rechtsschutz und Urheberrecht International, 49. Jg. (2000), Nr.10, S. 859 ff.; Jens Kersten, Das Klonen von Menschen, Tübingen 2004, S. 120 ff.; Jan Krauß/Markus Engelhard, Patente im Zusammenhang mit der menschlichen Stammzellforschung, in: Gewerblicher Rechtsschutz und Urheberrecht, 105. Jg. (2003),

ankomme, und legte daher entsprechende Auslegungsfragen dem EuGH nach Maßgabe des Art. 267 des Vertrags über die Arbeitsweise der Europäischen Union (AEUV) vor.

Normativer Ausgangspunkt der Vorlagefrage ist Art. 6 EU-Biopatentrichtlinie. Dessen Absatz 1 bestimmt, dass Erfindungen, deren gewerbliche Verwertung gegen die öffentliche Ordnung oder die guten Sitten verstoßen würde, von der Patentierbarkeit ausgenommen sind. Zugleich stellt die Vorschrift klar, dass ein solcher Verstoß gegen den Ordre public nicht allein aus einem gesetzlichen Verbot der Verwertung hergeleitet werden kann. Dies ist darauf zurückzuführen, dass ein Patent von vornherein nicht zu irgendeiner Form der Verwertung der Erfindung berechtigt, sondern als Ausschlussrecht allein die Rechtsmacht verleiht, die Verwertung durch Dritte zu verhindern.[28] Absatz 2 konkretisiert nun den allgemeinen Ordre public-Vorbehalt und benennt Regelbeispiele, bei deren Vorliegen die Patentierbarkeit stets ausgeschlossen ist. Nicht patentierbar ist nach Buchstabe c) namentlich »die Verwendung von menschlichen Embryonen zu industriellen oder kommerziellen Zwecken«. Der EuGH hatte sich daher mit dem Begriff des Embryos sowie mit der Frage auseinanderzusetzen, ob das erteilte Patent eine hiernach patentierungsfeindliche Verwertungshandlung betrifft.

II. Europäisch autonomer Würdeschutz durch Embryonenschutz

Der EuGH weist – wohl auch in Anbetracht deutlicher Wertungsunterschiede zwischen den Mitgliedstaaten, die die europaweite Kohärenz des Schutzkonzepts der Biopatentrichtlinie hätten in Frage stellen können – auf die Notwendigkeit

Nr. 12, S. 985 ff.; Tade Matthias Spranger, Patentability of Stem Cell Inventions with Special Emphasis to EC Law, in: Journal of International Biotechnology Law, vol. 1 (2004), S. 247 ff.

28 Hierzu im Einzelnen Claus Ahrens, Gewerblicher Rechtsschutz, Tübingen 2008, Rn. 244 ff.

hin, einen einheitlichen unionsrechtlichen Begriffsinhalt zu ermitteln: »Nach ständiger Rechtsprechung folgt aus den Erfordernissen sowohl der einheitlichen Anwendung des Unionsrechts als auch des Gleichheitssatzes, dass die Begriffe einer Vorschrift des Unionsrechts, die für die Ermittlung ihres Sinnes und ihrer Bedeutung nicht ausdrücklich auf das Recht der Mitgliedstaaten verweist, in der Regel in der gesamten Union eine autonome und einheitliche Auslegung erhalten müssen«.[29] Obschon die Biopatentrichtlinie keine Definition des menschlichen Embryos enthalte, verweise sie doch auch nicht auf die nationalen Rechtsvorschriften. Der Ausdruck sei daher für die Anwendung der Richtlinie als autonomer Begriff des Unionsrechts anzusehen, der im gesamten Gebiet der Union einheitlich ausgelegt werden müsse.[30] Dies ist zumindest eine plausible Deutung. Die Begriffe der öffentlichen Ordnung und der guten Sitten, die die Generalklausel des Art. 6 *Abs. 1* EU-Biopatentrichtlinie verwendet, können zwar durchaus auch als dynamische Verweisung auf den jeweils im nationalen Recht niedergelegten Wertekanon verstanden werden.[31] Hierfür spricht, dass die öffentliche Ordnung eine traditionelle Schranke der Grundfreiheiten ist, die die Mitgliedstaaten zu Eingriffen berechtigt (Art. 36, 45 Abs. 3, 52 Abs. 1 [i. V. mit Art. 62] AEUV), und dass Vorstellungen der Sittlichkeit auch innerhalb der europäischen Rechtsfamilie nicht unerheblich divergieren. Im Kontrast dazu enthält Art. 6 *Abs. 2* EU-Biopatentrichtlinie indes eng gefasste Tatbestände, bei deren Erfüllung erkennbar bereits kraft unionsrechtsunmittelbarer Wertung ein Verstoß gegen den Ordre public zu bejahen ist. Dies spricht dafür, mit dem EuGH auch die darin enthaltenen Rechtsbegriffe unionsrechtlich autonom auszulegen.

29 EuGH, Rs. C-34/10, *Brüstle/Greenpeace*, EuZW 2011, S. 908, Rn. 25.
30 EuGH, Rs. C-34/10, *Brüstle/Greenpeace*, EuZW 2011, S. 908, Rn. 26.
31 So Klaus Ferdinand Gärditz, a.a.O., S. 33.

III. Schutzsubjekte und Schutzkonzept

Ebenfalls zutreffend betont der EuGH, dass sich der Regelungszweck der Biopatentrichtlinie nicht darauf beschränkt, Investitionen auf dem Gebiet der Biotechnologie zu fördern, sondern dass bei der Verwertung biologischen Materials auch »die Grundrechte und vor allem die Menschenwürde gewahrt werden müssen.«[32] Aus diesem Schutzziel wird der – gemessen am Richtlinientext nicht zwingende, jedoch dem Schutzauftrag für die Menschenwürde aus Art. 1 GRC entsprechende – Auftrag zu einer weiten Bestimmung des Schutzgegenstandes abgeleitet: »Der Zusammenhang und das Ziel der Richtlinie lassen somit erkennen, dass der Unionsgesetzgeber jede Möglichkeit der Patentierung ausschließen wollte, sobald die der Menschenwürde geschuldete Achtung dadurch beeinträchtigt werden könnte. Daraus folgt, dass der Begriff des menschlichen Embryos im Sinne von Art. 6 Abs. 2 Buchst. c der Richtlinie weit auszulegen ist.«[33] Hieraus wird nun ein richtiger und zugleich folgenreicher Schluss gezogen: »Insofern ist jede menschliche Eizelle vom Stadium ihrer Befruchtung an als ›menschlicher Embryo‹ im Sinne und für die Anwendung von Art. 6 Abs. 2 Buchst. c der Richtlinie anzusehen, da die Befruchtung geeignet ist, den Prozess der Entwicklung eines Menschen in Gang zu setzen.«[34] In der Sache ist dies dem normativen Ausgangspunkt vergleichbar, den das Bundesverfassungsgericht in seiner ersten Entscheidung zum Schwangerschaftsabbruch bezüglich der Statusfrage einnimmt: »Wo menschliches Leben ist, kommt ihm Würde zu; es ist nicht entscheidend, ob der Träger sich dieser Würde bewusst ist und sie selbst zu wahren weiß. Die von Anfang an im menschlichen Sein angelegten potentiellen Fähigkeiten genügen, um die Menschenwürde zu begründen«.[35]

32 EuGH, Rs. C-34/10, *Brüstle/Greenpeace*, EuZW 2011, S. 908, Rn. 32.
33 EuGH, Rs. C-34/10, *Brüstle/Greenpeace*, EuZW 2011, S. 908, Rn. 34.
34 EuGH, Rs. C-34/10, *Brüstle/Greenpeace*, EuZW 2011, S. 908, Rn. 35.
35 BVerfGE 39, 1 (41).

Der EuGH geht hierüber sogar noch hinaus: Das Gleiche gelte auch für die *unbefruchtete menschliche Eizelle*, in die ein Zellkern aus einer ausgereiften menschlichen Zelle transplantiert worden oder die durch Parthenogenese zur Teilung und Weiterentwicklung angeregt worden ist. »Selbst wenn diese Organismen, genau genommen, nicht befruchtet worden sind, sind sie [...] infolge der zu ihrer Gewinnung verwendeten Technik geeignet, wie der durch Befruchtung einer Eizelle entstandene Embryo den Prozess der Entwicklung eines Menschen in Gang zu setzen.«[36] Dieses Schutzziel hängt dann konsequenterweise auch nicht von dem Verwendungsziel des durchgeführten biomedizinischen Eingriffs ab. »Selbst wenn das Ziel der wissenschaftlichen Forschung von industriellen oder kommerziellen Zwecken unterschieden werden muss, kann die Verwendung menschlicher Embryonen zu Forschungszwecken, die Gegenstand der Patentanmeldung wäre, nicht vom Patent selbst und den daran geknüpften Rechten getrennt werden.«[37] Dass jedenfalls die gezielte Produktion von Embryonen zu Forschungszwecken eine Würdeverletzung darstellt, dürfte im Übrigen – ungeachtet aller Streitigkeiten im Detail – auch in Deutschland weitgehend anerkannt sein.[38]

IV. Lebensschutz und Fernwirkung der Würdeverletzung

Der EuGH nimmt nunmehr eine entscheidende Weichenstellung für die künftige Entwicklung der europäischen Menschenwürdegarantie vor, indem er darlegt, auf welcher Ratio die von ihm gezogenen Schlussfolgerungen beruhen, nämlich auf der Würdewidrigkeit der Zerstörung embryonalen menschlichen Lebens: Der Gerichtshof geht von der Annahme

36 EuGH, Rs. C-34/10, *Brüstle/Greenpeace*, EuZW 2011, S. 908, Rn. 36.
37 EuGH, Rs. C-34/10, *Brüstle/Greenpeace*, EuZW 2011, S. 908, Rn. 43.
38 Stellvertretend Matthias Herdegen, in: Maunz/Dürig, Hrsg., Grundgesetz, Bearbeitung: 2009/Stand: 2011, Art. 1 Abs. 1, Rn. 103.

aus, »dass die Entnahme einer Stammzelle aus einem menschlichen Embryo im Blastozystenstadium die Zerstörung dieses Embryos nach sich zieht.«[39] Aus diesem Grund »ist daher eine Erfindung – selbst wenn die Patentansprüche nicht die Verwendung menschlicher Embryonen betreffen – als von der Patentierung ausgeschlossen anzusehen, wenn die Verwertung der Erfindung die Zerstörung menschlicher Embryonen erfordert. Auch in diesem Fall liegt eine Verwendung menschlicher Embryonen im Sinne von Art. 6 Abs. 2 Buchst. c der Richtlinie vor.« Dass diese Zerstörung gegebenenfalls in einem Stadium erfolge, das weit vor der Verwertung der Erfindung liege, wie im Fall der Herstellung embryonaler Stammzellen aus einer Stammzell-Linie, die nur durch die Zerstörung menschlicher Embryonen aufgebaut werden konnte, sei insoweit ohne Bedeutung.[40] In der Sache nimmt der Gerichtshof also eine *Fernwirkung* von Würdeverletzungen an, die dem (in Deutschland bekanntlich von der Rechtsprechung nie anerkannten) »fruit of the poisonous tree«-Argument im strafprozessualen Beweisrecht ähnelt. Die Zerstörung menschlichen Lebens ist ein Makel, der auch späteren Folgeverwertungen anhaftet, selbst wenn diese als solche keine eigenständige physische Würdeverletzung mehr enthalten.[41] Hierfür sprechen zwei Argumente:

Erstens: Auf einer *sozialkommunikativen Ebene* wird die Würde des Menschen beeinträchtigt, wenn in der – für sich gesehen die physische Integrität nicht beeinträchtigenden – Verwertungshandlung eine Kommerzialisierung menschlichen Lebens zum Ausdruck kommt, die in der Zerstörung des Embryos liegende Würdeverletzung also gleichsam durch akzessorisches Nutzenziehen perpetuiert wird. Durch die umfängliche Ächtung der Zerstörung menschlicher Embryonen wird der soziale Achtungsanspruch menschlicher Würde flan-

39 EuGH, Rs. C-34/10, *Brüstle/Greenpeace*, EuZW 2011, S. 908, Rn. 48.
40 EuGH, Rs. C-34/10, *Brüstle/Greenpeace*, EuZW 2011, S. 908, Rn. 49.
41 So bereits Christian Hillgruber, Die Forschung an embryonalen Stammzellen, Humboldt Forum Recht 2008, S. 111 (115 f.).

kierend stabilisiert. Dies ist mehr als ein bloßes Jonglieren mit juristischer Symbolik. Denn dass man ein – seiner normativen Konstruktion nach ethisch neutrales – Patent in den hier in Rede stehenden bioethischen Konfliktfeldern überhaupt in der öffentlichen Wahrnehmung moralisch in Frage stellt und auf einer wissenschaftlichen Ebene als unethisch diskutiert, beruht im Wesentlichen auf einer Missbilligung des Patent*inhalts*, der durch die hoheitliche Patenterteilung[42] in einem formalisierten Verwaltungsverfahren (§§ 34 ff. PatG) immerhin eine *amtliche* Sanktionierung erfährt.

Zweitens: Auf einer *pragmatischen Ebene* folgt der EuGH der Ratio des *Vorsorgeprinzips*. Indem eine spätere Patentierung ausgeschlossen wird, werden potentielle Verwertungspfade blockiert, sodass sich die primäre Würdeverletzung in diesem Fall ökonomisch betrachtet nicht mehr »lohnt«. Eine solche negative Anreizsteuerung durch ein extensives Fehlerfolgenregime kann durchaus sinnvoll sein, um Rechtsverletzungen im Vorfeld mittelbar zu unterbinden.

V. Zusammenfassung

Insgesamt lässt sich daher festhalten, dass der EuGH seine Interpretation des Art. 6 EU-Biopatentrichtlinie überzeugend begründet und sich hierbei maßgeblich auf die Menschenwürde gestützt hat. Als würdewidrig wird – im Gleichklang mit der Rechtsprechung des Bundesverfassungsgerichts – vor allem die Zerstörung menschlichen Lebens im Embryonalstadium angesehen.[43]

42 Vgl. hierzu nur BVerwG, GRUR 1959, S. 435 (436 f.); Claus Ahrens, Gewerblicher Rechtsschutz, 2008, Rn. 157; Horst-Peter Götting, Gewerblicher Rechtsschutz, 8. Aufl., München 2007, § 19, Rn. 16; Gerhard Herbst, Das Bundespatentgericht als Gericht der ordentlichen Gerichtsbarkeit, in: Festschrift 25 Jahre Bundespatentgericht, Köln 1986, S. 47 (51); Christian Osterrieth, Patentrecht, 2. Aufl., München 2004, Rn. 545, 560.

43 Dies bedeutet im Übrigen nicht, dass der EuGH jedwede Tötungshandlung automatisch als Würdeverletzung ansieht. Auch im

C. Konsequenzen

Auch wenn der EuGH formal lediglich die sekundärrechtlichen Bestimmungen der Biopatentrichtlinie auslegt, ist – wie gezeigt – ein zentrales und wiederkehrendes Argument der Schutz der Menschenwürde. Die Menschenwürde ist aber kein Begriff des Biopatentrechts, sondern des europäischen Primärrechts (Art. 2 EUV, Art. 1 GRC). Auch wenn der EuGH dies – anders als noch der Generalanwalt in seinen Schlussanträgen – nicht explizit macht, legt er in der Sache die Richtlinie im Einklang mit dem europäischen Primärrecht aus. Es ist daher anzunehmen, dass der EuGH seine Feststellungen zur Würdeverletzung durch die Zerstörung menschlicher Embryonen, die hier die hintergründige Ratio der Auslegung und nicht Ableitungen aus dem Richtlinientext sind, auch im Kontext einer Ausdeutung der Grundrechtecharta aufrecht erhalten würde. Die Grundrechtecharta bindet daher alle Organe der Europäischen Union (Art. 6 Abs. 1 EUV i. V. mit Art. 51 GRC). Namentlich ein Rechtsakt, der die Menschenwürde verletzt, wäre primärrechtswidrig und müsste gegebenenfalls im Rahmen einer Nichtigkeitsklage (Art. 263 AEUV) oder auf den Vorlagebeschluss eines nationalen Gerichts (Art. 267 AEUV), das die Gültigkeit des europäischen Rechtsakts in Zweifel zieht, für unwirksam erklärt werden. Gemessen an dem weiten Ansatz des EuGH, der mit Recht menschlichen Embryonen einen umfänglichen Schutz zukommen lässt, ist daher, gewendet auf das konkrete Problem des Ausgangsfalles, auch jedwede Förderung von embryonenverbrauchender Forschung oder von Forschung untersagt,

vorliegenden Urteil bezieht sich der Würdeschutz auf spezifische Verletzungshandlungen. Die Ratio des Urteils lässt sich daher zum Beispiel nicht auf Fälle übertragen, in denen die Tötung die Konsequenz zurechenbaren Verhaltens ist, das im Rahmen der Verhältnismäßigkeit nicht anders abgewehrt werden kann als durch einen das Leben des polizeirechtlichen Störers/Angreifers gefährdenden oder beendenden Eingriff (Notwehr, »finaler Rettungsschuss«, militärische Verteidigungshandlung usw.).

die auf vorausgehende Verfahren angewiesen ist, in deren Rahmen menschliche Embryonen zerstört werden. So wäre es namentlich unzulässig, Projekte der Stammzellforschung im Rahmen der europäischen Politik von Forschung und technologischer Entwicklung (Art. 179 ff. AEUV) finanziell zu unterstützen.[44] Auch Konsequenzen für Mindeststandards des Würdeschutzes z. B. im Bereich der (binnenmarktrelevanten und insoweit nach Art. 114 AEUV regelbaren) medizinischen Forschung oder des Inverkehrbringens von Medizinprodukten (etwa zur Präimplantationsdiagnostik) wären näher zu reflektieren. Hierbei ist gerade auch Würdeverletzungen zu begegnen, die von Privaten ausgehen, was namentlich der auf Drittwirkungskonstellationen zugeschnittene Art. 3 GRC in Bezug auf biomedizinische Eingriffe verdeutlicht.[45]

Ein weiterer, bislang weniger beachteter Umstand scheint bemerkenswert: Der EuGH deutet die patentrechtlichen Vorschriften im Sinne eines umfänglichen Menschenwürdeschutzes aus, ohne dass die in Rede stehende Patenterteilung als solche Verstöße gegen die Menschenwürde ermöglichen würde. Ein Patent verleiht seinen Inhaber nämlich keinerlei Befugnis, seine Erfindung in einer bestimmten Weise anzuwenden, sondern beschränkt sich auf die Einräumung eines Rechts, Dritten eine Verwertung zu industriellen und gewerblichen Zwecken zu untersagen. Das Patentrecht lässt daher von vornherein (europäische und nationale) Vorschriften

44 So bereits Klaus Ferdinand Gärditz, a.a.O., S. 16, 34; Christian Starck, Ist die finanzielle Förderung der Forschung an embryonalen Stammzellen durch die Europäische Gemeinschaft rechtlich zulässig?, in: Europarecht, 41. Jg. (2006), Nr.1, S. 1 ff.; allgemein ferner Winfried Kluth, Der rechtliche Status des Menschen am Beginn seines Seins, in: Zeitschrift für Lebensrecht, 13.Jg. (2004), Nr.4, S. 100 (105); Wolfgang Weiß, EU-Verfassungsvertrag und Biotechnologie, in: Medizinrecht, 23.Jg. (2005), Nr.8, S. 458 (462).

45 Siehe nur Christian Calliess, in: ders./Matthias Ruffert (Hrsg.), EUV/AEUV, 4. Aufl. (2011), Art. 3 GRCh, Rn. 12; Hans D. Jarass, Charta der Grundrechte der Europäischen Union, München 2010, Art. 3, Rn. 3, 10.

unberührt, die eine bestimmte Verwertung oder Nutzung regulieren bzw. verbieten.[46] Insoweit hätte sich der EuGH auch darauf zurückziehen können, dass eine Patentierung eines Verfahrens zur Gewinnung embryonaler Stammzellen unschädlich sei, da sowohl die Europäische Union als auch die Mitgliedstaaten durch entsprechende ordnungsrechtliche Verbote den Schutz menschlicher Embryonen sicherstellen könnten. Die Frage des Würdeschutzes wäre dann in das Biomedizin- und Technikrecht verlagert worden. Der EuGH ist diesen Weg nicht gegangen, sondern hat das – nochmals: seiner normativen Konstruktion nach ethisch neutrale – Patentrecht im Interesse eines flankierenden Würdeschutzes aktiviert. Damit greift der Gerichtshof aber implizit auf ein Konzept der Menschenwürde zurück, das vergleichbar der Rechtsprechung des Bundesverfassungsgerichts Würde nicht als nur individuelles Grundrecht begreift und Schutzpflichten gegen reale Verletzungen konstituiert, sondern in dem die Menschenwürde zugleich als Bestandteil einer normativ geronnenen objektiven Wertentscheidung die Auslegung und Anwendung des geltenden Rechts durchdringt.[47] Die Patentierbarkeit von Verfahren, die Verletzungen der Menschenwürde beinhalten, wird ausgeschlossen, weil in der in einem Patent liegenden rechtlichen Anerkennung eine Verletzung des sozialkommunikativen Bedeutungsgehalts menschlicher Würde läge. Auch die nur symbolische Kommerzialisierung menschlichen Lebens verletzt damit den Achtungsanspruch nach Art. 1 Satz 2 GRC. Einer relativen Betrachtungsweise, die primär beim realen Verletzungsvorgang ansetzt und mit der Entfernung von diesem den Würdeschutz sukzessive

46 Siehe Erwägungsgrund 14 der Biopatentrichtlinie.

47 Hierin zeigt sich vielleicht erstmals, dass die zunächst nur semantische Nachbildung der Menschenwürdegarantie des Grundgesetzes durch die EU-Grundrechtecharta auch zu einer Rezeption struktureller Argumentationsmuster der deutschen Verfassungsdogmatik auf der Ebene des Europäischen Unionsrechts geführt hat. Dies wäre nicht der schlechteste Rechtsexport.

zurücknimmt,[48] ist der Gerichtshof daher offensichtlich nicht gefolgt. Dies ist kein zwingendes, aber doch ein sinnvolles Konzept. Rechtstechnisch erfordert es, künftig im Rahmen der Auslegung von Rechtsvorschriften, die menschenwürdesensible Vorgänge betreffen, Begriffsinhalte auf ihren abstrakten Würdebezug zu hinterfragen und gegebenenfalls menschenwürdekonform auszulegen, und zwar unabhängig davon, ob die jeweilige Vorschrift unmittelbar der Verhinderung von realen Würdeverletzungen dient oder lediglich den sozialen Achtungsanspruch der Menschenwürde als Fundamentalwert einer auf ihr gründenden Rechtsordnung (Art. 2 EUV) tangiert.

Die Entscheidung des EuGH dürfte hiernach die Ausdifferenzierung des europäischen Grundrechtsschutzes nachhaltig und zum Positiven beeinflussen. Da die Menschenwürde zugleich der »unausgesprochene Bezugspunkt zum Grundrechtsschutz« auf Unionsebene ist,[49] lassen sich hieraus ganz allgemeine Schlussfolgerungen für das hinter der Grundrechtecharta stehende Menschenbild ziehen, das zwar als solches nur hintergründiges Leitbild bleibt, das sich aber in der Auslegung und Anwendung konkreter Grundrechte ventiliert. Denn bekanntlich enthalten alle Grundrechte als Ausdruck der Selbstbestimmung des Einzelnen – in unterschiedlicher Intensität und Strukturnähe – ihre Würdesplitter. Die *Brüstle*-Entscheidung des EuGH mag daher zwar nur einen kleinen Schritt für das Patentrecht bedeuten, ist aber ein großer Schritt auf einen neuen Pfad der europäischen Grundrechtsdogmatik.

48 Insbesondere Matthias Herdegen, Die Menschenwürde im Fluss des bioethischen Diskurses, JuristenZeitung,, 56. Jg. (2001), S. 773 ff.; ders. (o. Fußn. 38), Art. 1 Abs. 1 Rn. 115.

49 Frank Schorkopf, a.a.O., § 15, Rn. 4.

Autoren

Klaus F. Gärditz, geboren 1975 in Trostberg/Oberbayern. Studium der Pharmazie im WS 1995 an der Universität Greifswald; Studium der Rechtswissenschaften an der Universität Bonn 1995–1998. Referendardienst in Rheinland-Pfalz 1999–2001. Promotion 2001 mit einer strafprozessrechtlichen Dissertation unter Betreuung von Professor Hans-Ullrich Paeffgen; 2002–2004 Tätigkeit als Verwaltungsrichter und Rechtsanwalt in Koblenz, Trier und Bonn; 2004–2009 Wissenschaftlicher Assistent von Professor Wolfgang Kahl an der Universität Bayreuth. 2009 Habilitation mit einer Schrift aus dem Wissenschaftsrecht (venia legendi für Öffentliches Recht, Europarecht und Völkerrecht). Seit 2009 Professor für Öffentliches Recht an der Rheinischen Friedrich-Wilhelms-Universität Bonn. Forschungsschwerpunkte: Verfassungsrecht, Allgemeines und Europäisches Verwaltungsrecht, Verwaltungsprozessrecht, Wissenschaftsrecht, Umwelt- und Planungsrecht.

Christian Hillgruber, geboren 1963 in Darmstadt. Nach dem Studium der Rechtswissenschaften an der Universität zu Köln legte er 1988 die Erste, 1992 die Zweite Juristische Staatsprüfung ab. 1991 Promotion mit der Dissertation »Der Schutz des Menschen vor sich selbst«. Ab 1991 Wissenschaftlicher Assistent an der Universität zu Köln sowie Wissenschaftlicher Mitarbeiter am Bundesverfassungsgericht. Habilitation 1997 mit der Schrift »Die Aufnahme neuer Staaten in die Völkerrechtsgemeinschaft«. Von 1997–1998 Professor für öffentliches Recht an der Ruprecht-Karls-Universität Heidelberg, von

1998–2002 Professor für öffentliches Recht, Völkerrecht und Rechtsphilosophie an der Friedrich-Alexander-Universität Erlangen-Nürnberg. Seit 2002 Professor für Öffentliches Recht an der Rheinischen Friedrich-Wilhelms-Universität in Bonn. 2008 Ernennung zum stellvertretenden Mitglied des Verfassungsgerichtshofs für das Land Nordrhein-Westfalen. Zahlreiche Veröffentlichungen zum Thema »Lebensschutz«.

Manfred Spieker, geboren 1943 in München. Studium der Politikwissenschaft, der Geschichte und der Philosophie an den Universitäten Freiburg und Berlin. Diplom in Politikwissenschaft 1968 am Otto Suhr-Institut der Freien Universität Berlin. Promotion 1973 bei Professor Hans Maier an der Universität München mit der Arbeit »Neomarxismus und Christentum. Zur Problematik des Dialogs«. Von 1970–1972 Leitender Mitarbeiter im Sekretariat der Synode der Bistümer der Bundesrepublik Deutschland in München und 1972–1983 Wissenschaftlicher Assistent am Forschungsinstitut für Politische Wissenschaft und Europäische Fragen der Universität zu Köln. Habilitation für Politische Wissenschaft 1983. Von 1983 bis zur Entpflichtung 2008 Professor für Christliche Sozialwissenschaften im Institut für Katholische Theologie der Universität Osnabrück. Von 1995–2001 Beobachter des Hl. Stuhles im Lenkungsausschuss für Sozialpolitik und Mitglied der vatikanischen Delegation bei den Konferenzen der Sozialminister des Europarates. Von 2002–2007 Präsident der Association Internationale pour L'Enseignement Social Chrétien.